U0019210

鄭匡寓

著

我跑，故我在

16位職人跑者的馬場人生

目錄

客座主編序　張嘉哲　　　　　　　　　　　　004

推薦序　　　徐國峰　　　　　　　　　　　　008

第一篇　長跑生涯的再定義　為師為父的　014
　　　　吳文騫

第二篇　修練人生的課題　不死鳥謝千鶴　026
　　　　的跑步人生

第三篇　洗盡鉛華行千里　台灣超馬三太　038
　　　　子胡樹名

第四篇　心到哪就能跑到哪　雷理莎的猛　052
　　　　虎之心

第五篇　全力以赴的跑者　浴火重生的傅　066
　　　　淑萍

第六篇　山裡捎來的強風　逐夢矢志的尖　080
　　　　石國中——謝俊漢和他的孩子們

第七篇　自律是最強大的武器　最速廚師　094
　　　　陳維慶

第八篇　享受能跑步的每一天　從跑步見　106
　　　　識人生的蔡佳真

第九篇　月跑量上千公里 周俊宏的超馬　　120
之路迢迢

第十篇　在生命轉彎的地方 沈嘉茜為您　　132
上一盤美味的咖哩飯

第十一篇　體驗幸福的美味 一生懸命的邱　　144
弘裕

第十二篇　三棲新時代女性 Kelly Wu 是　　158
跑步女強人

第十三篇　奔馳遠眺夢想的路上 天生好手　　172
徐君宇

第十四篇　懷抱對人們的熱忱 林采穎的跑　　186
步第二人生

第十五篇　幫助運動員優化自身 馬拉松物　　196
理治療師林世奇

第十六篇　大器晚成的馬拉松寶貝 挑戰奧　　206
運的曹純玉

後記　　　　　　　　　　　　　　222

客座主編序

窺見跑者們的大千世界，
與他們一起跑下去

張嘉哲

　　健身（Exercise），是進入運動（Sport）前的敲門磚，剛開始只是為了身體健康而參與運動，而最後進入運動的競技世界。Sport 源於拉丁文的 Disport，之後英文捨去 Di，成為現在的 sport。原詞中的 Dis 是離開的意思，相當於英語 Away（離開），Port 是搬運（Carry）的意思，古法語的 Disport 相當於英語的 CarryAway，意思是從工作上把注意力轉移到別的活動上去，也就是在工作後，離開工作環境從事自己感到愉悅的消遣活動。（黃科，2011）

　　近代 SPORT 被詮釋為富有競爭性的遊戲（有規則的），並兼具娛樂消遣的活動過程。而運動（sport）與體育（physical education）常被人們搞混。對於學校教育或是學生運動員，因是以體育（physical education）為主，透過身體的活動、對抗，從每個人的身體差異性中，學習互相尊重、關懷、追求平等價值等美德，而非是傳達「勝者為王、敗者為寇」的觀念。依舊記得 2009 職棒假球事件後，2010 年教育部發起了「運動愛品德」記者會，是為提倡體育中的品德教育，但是，學生運動員早已進入高競技化時代，甚至學校教育人員高聲疾呼運動競賽為純粹的零合遊戲（不是輸就是贏），所以運動（sport）目前成為社會顯學，體育（physical education）的教育則逐漸被遺忘、凋零。

　　在成為此書客座主編時，我對世界各地的跑者們都很感興趣，因從小我就是與「和諧長跑俱樂部」的叔叔、阿伯們一起練跑，他們不只很 Sport 的常常在路跑賽、田徑場拼鬥志、爭領跑，也很 Physical education 隨時當起人生教師。起初國中開始跑步，就是俱樂部的叔叔們送我跑鞋、跑衣，雖然是他們多餘的，但也因為他們的轉送，讓我開始有專業跑鞋可

以練跑，也因為這份關係的傳遞，而有了十八年後 LoveShoes.TW 計畫的誕生。

跑者都有自己獨有的生活，與眾不同所以難以讓大眾理解，但奇特之中卻又充滿著規則性。例如有跑者因工作關係，需要凌晨四點或是晚上十點訓練長跑，不尋常的作息卻有如此之大的行動力；但這種行為中又充滿規則性，因為凌晨、夜晚他們都會在練跑，一復一日，宛如在身上刺了時鐘。

素人跑者以健身（Exercise）開始了跑步生活，而將跑步列為工作後的休閒娛樂活動，也漸漸參加起路跑賽，追求個人最佳、累積百馬、拼六大馬（Sport）。而當跑者聚集人數增加成為族群（跑團），也發展出跑者間獨特的道德性（Physical education），例如最常發生跑者間的助人美德的行為，便是以前由別人領跑，讓自己成績有所進步；當自身能力成長時，換幫助別人領跑完成課表，提高其他跑者的成績與能力。但是，我最喜歡的還是常常帶美食來分享的跑者美德（笑）。

「在未來，每個人都有成名的十五分鐘！」—安迪沃荷

　　編輯此書不是為了要讓跑者成名十五分鐘，所以不會只挑選明星選手，而是蒐集各領域、各社會階層的跑者故事，希望透過文字傳達出跑者獨特的人生哲學，藉由作者匡寓的筆，將跑者們的心路歷程留下。每篇篇幅簡短有力，方便隨時閱讀，希望讀者們可以每讀完一篇，多花一點時間來思考，從中得到鼓勵的正向力量，說不定還能激發出你未曾觸碰的世界。

　　跑者的世界永遠都是最神奇的大千世界，你可以在這之中遇見各行各業的人士，也可以跟國手級的選手站在同一條起跑線上，不論跑得多快或多慢通過終點線，大家跑的距離都是相同。多年前，我一直提倡競技運動員寫作，因為通過文字的自我敘述，至少有機會讓大家了解競技運動員在做什麼，達到兩種（多種）不同世界間的連結，而運動員的經驗與精神，也能帶給社會正向幸福感。我也是因為通過寫作，與素人跑者間有更多交流機會，讓我了解到素人跑者截然不同的跑步世界，那充滿新鮮、好奇的跑步體驗，找回我過往對於跑步的青春悸動，彷彿是我二十多年來樸實無華且枯燥的訓練生活中，獲取一次又一次的心靈充電，永遠提醒我莫忘初衷的跑下去。

運動文化的養分，
來自故事

運動作家｜徐國峰

　　認識匡寓已經好長一段時間了，雖然鮮少見面，但我們倆都以跑步這項運動為中心寫過不少文章。匡寓書寫的主軸是人物，而我寫的是訓練，主軸不同但皆筆耕不輟。常在網路讀了他的文字之後，心中興起惺惺相惜之感。

　　長期以來，我個人一直在研究「變強」的元素、理論與訓練法。其中一項結論是：各國的運動強項跟飲食、人種或基因的關係比較小，影響最大的還是各國的文化。

　　伊索比亞與肯亞人長跑強、牙買加人的短跑強、跟美國人籃球強、歐洲人自行車強一樣，並不是因為他們的飲食特別適合該項運動，或是他們有特別的跑步基因、籃球基因或自行車基因。是他們的國家對該項運動環境特別友善，有普及的基礎建設、制度化的比賽、培訓體制與職業化的跑者與教練。

　　以世界知名的短跑選手─博爾特（Usain Bolt）為例，他的爆發力與彈跳力從小就十分驚人，年輕時候就展現出過人的天份，高中時 100 公尺就能跑進十秒，也是首位 200 公尺跑進 20 秒內的青少年選手。以他的爆發力和身高，如果生在美國，在青年時期極有可能就被找去打籃球或美式足球。因為美國的籃球與美式足球的影響力比較大，也有成熟的職業運動，文化根基深厚，資源也較多，說直白一點是，在美國打籃球與美式足球比練短跑有前（錢）途。

　　博爾特來自全國人口只有三百萬左右的小國牙買加，國家雖小，卻是短跑強國。除了大家熟悉的三項田徑世界紀錄保持人[1]─博爾特之外，男子還有牙買加短跑的第二把交椅─布雷克（Yohan Blake）[2]，以

---

1. 博爾特的三項世界紀錄分別是：100 公尺 9 秒 58、200 公尺 19 秒 19、400 公尺接力 36 秒 84。

及兩屆女子奧運金牌選手弗雷澤（Shelly-Ann Fraser-Pryce）[3]和男子前紀錄保持人鮑爾（Asafa Powell）。

牙買加的短跑培訓和聯賽制度非常完整，長年下來累積了相當深厚的短跑文化。牙買加短跑明星就像美國的職籃、職棒與美式足球明星一樣，常成為企業、商品或政府機關的代言人，社會地位崇高。因為這樣的文化，很容易把具有運動天份的人吸引到短跑領域，這也使得牙買加的短跑人才輩出。

由此可知文化影響單項運動的發展與成就至深，任何一項運動要強盛起來，需要形成深厚且多元的「文化」。我個人認為要使該項運動文化能夠普及與發展，有三項工作很重要：其一是辦比賽；其二是辦教育；其三是寫故事。

沒有優質且層級分明的跑步比賽當領頭羊，其他下游的產業鍊就會很難發展起來。所謂層級分明的比賽是指從國小、國中、高中、大學一直到路跑賽都有專業的賽務人員舉辦高品質的比賽。這種對比賽品質的要求，會帶動跑者更認真的面對訓練，後續教育

---

2. 布雷克曾是世界上 100 公尺最年輕進入十秒大關的跑者，當年他只有 19 歲，他的 200 公尺最佳成績 19 秒 26，也是人類短跑歷史上的第二快成績。

3. 弗雷澤連續在 2008 年北京奧運及 2012 年倫敦奧運的女子 100 公尺項目拿下冠軍。

產業也會應運而生。當跑者想在賽場上有更好的表現時，就會去尋求專業的協助，而為了幫助跑者進步，教練也自然會不斷進修與優化自己的訓練系統。當一個國家有了高品質的比賽（舞台），也有愈來愈多的專業教練開始在幫助跑者進步之後，運動員的實力必然跟著向上提升。

然而，在培育跑步文化的過程中還需要一種重要的「養分」─故事，以跑者為主體的故事。比賽和訓練法並無法感動人，唯有故事可以使跑圈的教練、跑者與跑步比賽受到跑圈外（下圖圓圈之外）的關注，甚至影響他們和他們的小孩開始參與跑步這項運動。

要說匡寓是台灣跑步文化的重要推手，跑圈內應該很少人會有意見。正因為他的採訪、文章和親切的個性，才能讓更多人認識跑步這項運動的本質、意義與價值。

在《我跑，故我在》這本書中，集結了十六位台灣跑者的故事，有如師如父的傳承故事、有教練跟跑者之間互信互愛的故事、有跑者從低潮中再站起來的重生故事、有馬拉松破全國紀錄後繼續為了跑進奧運而努力不懈的勵志故事、也有每天堅持四點多起床練跑後再為家人做早餐的平淡故事，細細讀來，有著許多不同的感動。感動人心的故事會為人帶來力量。

最近，以退休多年的 NBA 球員麥可‧喬丹（Michael Jordan）為主角的紀錄片《最後一舞》（The Last Dance）在全世界興起熱潮，為美國的籃球運動注入新的活力。很感謝匡寓為台灣的跑者紀錄下一幕幕真實故事，那是台灣這塊土地上跑步文化的重要養分。

如果你正準備閱讀這本書，你會發現裡頭的文字與故事就像是周末早晨的一杯咖啡，你的跑步魂會「被滋養」，你將感到溫暖且充滿能量。

徐國峰

2020 年 5 月 15 日花蓮筆

為師為父的
吳文騫

> 「如果跑步是你選擇的，那你就應該
> 盡力去扮演好自己的角色。」

　　「既然來到基隆外木山這邊，不跑一下嗎？」他
說。早上八點，基隆中山高中的年輕選手一一出現，
這是每一天早上固定的晨間練習，沿著海岸線跑步。

　　儘管是夏季炎熱的天氣，基隆中山高中仍然有一

些年輕小夥子辛勤地練跑，而站立一旁的指導教練，是台灣長跑傳奇人物—吳文騫（史哥）。史哥的大名幾乎在台灣跑步運動無人不曉，除多次代表台灣參賽國際賽事外，還曾經出賽雅典及北京奧運馬拉松賽。現在的他執教於中山高中訓練後進，同時也是 NIKE 運動品牌的總教練。更重要的是，他是一個非常好的爸爸。

　　粗獷的外表底下，史哥有一份玩童的心思。他笑說，這是跟孩子們學的。正處於成長的孩子們需要玩笑、需要陪伴，而高中的小選手們需要的是明確的目標，以及心無旁鶩的紀律與訓練。這時候的史哥就會板起面孔，不再嘻笑是為了讓小選手們認知到這是嚴肅且謹慎、重要的事。作為一位好爸爸跟好教練，到底有甚麼差異呢？

● 從孩子們身上學習

　　「你有多久沒有好好的大笑了？」史哥問我。人們應付時大概都會有不同的笑容，公關的笑容、制式的笑容或是友善的笑容，但孩子臉上往往都是快樂、打從心底的笑容，孩子不會應付你或是應付不同的情

境。史哥從孩子身上學到笑容，面對事情都保持著樂觀且正面的態度，不管是與家人們出遊，或是帶領小選手或是 Fast42 學員們的訓練。

史哥的女兒小花喜歡打棒球，加入了棒球隊受訓，儘管表現不是最好的，但遇到挫折與疲勞卻不會因此放棄。有一回小花被球砸了胸口，換成是其他家長早就要孩子別去打球，而史哥只關心詢問她是不是當時放空了？小花承認是。但這件事並沒有讓女兒對棒球這件事卻步。史哥說：「小孩子總是勇於冒險，反而是爸爸媽媽都不讓小孩子冒險。」孩子們從沙發或是高椅跳下來，探索著每一處。孩子的冒險反而讓

大人們擔憂，長大了，孩子就會失去探索與冒險的勇氣。

同樣的，史哥在帶領中山高中的小選手時，也嘗試著幫他們勾勒出一份想像，讓他們更能有動力、自我探索與冒險。

拜訪史哥時，史哥調出了一張小花的照片，告訴我：「那天去玩水，我看到小花會游泳。雖然她的學校有游泳課，她也說自己會游泳，但跟我記憶中的游泳是不一樣的。這時候，我才知道我錯過了很多。」

● 盡可能的陪伴 讓他們自由發展

忙碌於學校事務與帶領小選手訓練的史哥，他自承儘管課後的時間都會留給孩子們，但陪伴是永遠都不夠的。所以在 Fast42 團練時，不時會看到史哥帶著孩子們來到田徑場為跑者加油。讓史哥為之動容的，是女兒小花自己也相當喜歡跑步，甚至還要爸爸為她計時。孩子的喜好是非常直觀的，不會受到其他人的影響，代表小花喜歡跑步是出於對這件事的喜愛，而不是因為是史哥的要求。

「孩子未來會走出自己的路，而不只是他人眼中吳文騫的女兒。」對於孩子們的期許，與對小選手的期盼一樣，每個人都有自己的人生與方向。背負著「吳文騫的女兒」或是「吳文騫的學生」這種招牌壓力太大，每個人都會有自己的可塑性。對年幼的孩子盡可能讓他們玩，任其自由發展；而面對小選手則是透過身教、言教，讓他們知道自己在做甚麼。

「如果跑步是你選擇的，」史哥說，「那你就應該盡力去扮演好自己的角色。」談及以前的選手生涯，被許多訓練夥伴認為他自律甚嚴，對此史哥侃侃而談：「當時我的角色是選手，所以我只要扮演好選手這個角色。我的生活、飲食跟作息，所做的每一件

事，都是為了滿足『訓練』這件事。」身為選手的角色，就要努力為選手的身分而活。

如同爸爸的角色一般，史哥常常帶著家人們出遊各地，一家人去台東看熱氣球、去外地探索螢火蟲（結果發現自己家裡旁邊一堆）。史哥笑說：「其實是小孩子陪我們，不是我們陪小孩。因為再幾年，小孩子就不會跟著爸媽了，所以很珍惜這段時間。」

● 大選手跟小選手的差別

兩度帶領 NIKE Fast42 訓練在台灣傳出盛名，即將面對第三屆 Fast42 訓練營的史哥表示：「訓練期開始，又是一個新的挑戰。」他笑說要在正式開訓前放幾天假休息。他坦承，帶領大選手（社會人士）其實一點也不輕鬆，很多時候他都是整天滑著手機、確認每個人的訓練狀況，並給予最正確的指導與訓練秒數。

「有時候滑手機滑到被老婆罵。」史哥笑說：「陪小孩子玩的時候，身體在陪玩，但心思都不在這邊。」老婆常會叨念他心不在焉。

比較起動機性，他表示社會人士的動機性很強，

因為報名參加 Fast42 的學員都是抱持著既定的目標、強大的熱情而加入訓練，所以在訓練上不馬虎；而小選手因為訓練時期沒有長遠的目標以及外力的誘惑太多，往往就會失去熱情。他很感慨地說：「偶爾看到選手摸魚不跑課表，身為教練知道會很難過。」

隨著年齡漸長，逐漸成熟的每個小選手都會找到自己的目標。史哥說：「很多出社會的，出社會後跑得比大學時期好，也有很多大學生，跑得比高中時期好。學校下午的訓練課表，偶爾會有他們的學長回來一塊練。」

談到他的選手年代裡，沒有手機、沒有太多娛樂，選手間聊天的話題幾乎都是圍繞在跑步上：「這個姿勢改一下好像更好跑」、「我覺得這個手擺可以改一下」。每一個選手在訓練後討論的話題，都會讓他們抱持著新的動力迎接隔天的訓練。

把心思放得單純一點，而不受外力吸引，是身為選手要自控的地方。

● 最感謝的人是老婆

史哥談到自己小時候被父親騎車載去幼稚園，以

及去外地讀書時父親不捨的神情，那是他難以忘懷的場景。偶爾時間閒暇，也會帶著家人們回老家探訪。自己有了孩子後，才能體會身為父親的辛苦。為此，他也特別感謝老婆李佳吟，一路以來支持他，同時照顧好孩子們讓他無後顧之憂。兩人至今的十年婚姻，感謝有她一起為這個美滿家庭努力。

　　褪下選手身分，兩度踏上奧運殿堂的長跑好手吳文騫，他笑說其實生活沒甚麼變：「雖然沒有比賽，但我還是跑步啊。」不同於過去的選手角色，現在是在老師、NIKE 教練以及女兒口中的「爸比」之間取得平衡。然而，對許多人而言，史哥不只是一個教練而已，更是傳統中「一日為師，終身為父」的師父。

周訓練課表

★訓練方式：

　　選手生涯的吳文騫，訓練課表相當扎實。周一到周五皆採取一日兩跑，周間安排四次的速度訓練（含一次中長距離的速度跑）以及一次較長距離的節奏跑，周六則是安排 25~30 公里的長距離訓練，周日則是輕鬆跑或休息。

★跑步小秘訣：

運動員多半的訓練量相異不遠，訓練必須考量恢復效率以及每個人的肌肉耐受性。而給予休閒跑者的訓練計畫，則考量社會人士的工作時間與恢復能力，會安排一周一次速度訓練、節奏跑及長距離訓練，用經濟且安全的方式讓跑者獲得最大的收益。對跑者而言，能力很重要之外，心態也很重要。這兩者必須並行才能讓選手有最好的表現。如果跑者有教練，務必與教練勤於對話，才能溝通狀況並完成每一次的訓練。

★跑者心法：

每個人都有過不好的跑步體驗，不管是在惡劣的天氣下不知道是否該繼續前進，或是邊跑邊懷疑自己為什麼不做別的卻在這裡。但其實，正是這些「不完美」讓我們更了解自己、更認識跑步、更享

受生命。如果當初沒有開始這一趟又一趟的里程，我們不會知道自己原來這麼強悍。每一次跑步都有一個目的，即使是沒跑好的那幾次，都有它存在的意義。面對自己的選擇，享受過程中的風風雨雨，跨出這一步享受當下。

不死鳥謝千鶴
的跑步人生

「紀錄本來就是留給人去破的。」

2019 年 6 月初在日體大紀錄賽以 16 分 10 秒 20 打破睽違十年、由許玉芳老師保有 16 分 25 秒 21 女子 5000 公尺全國紀錄的謝千鶴，穿著運動服在炎熱的左營高鐵站與我碰面。詢問她這次破紀錄的心得，

只是笑了笑：「還要再努力啦。」

● 學著看懂人生

「當時我正在最高峰，」謝千鶴說：「但受傷之後，就沒人記得我了。」

當時跑步成績正值高峰，1500 公尺賽後，要練體力時腳有不舒服的狀況，但覺得沒甚麼，忍過就好了，後來久了就得上腔室症候群[1]，三年內進行了數次手術。最嚴重的時期，她不能站也不能走路，母親也特地來到高雄照顧她。倔脾氣的她不想拖累家人，直吵著要母親回台北，放任她就這麼活著。謝千鶴的受傷不只是不能跑步，就連生活都不能如正常人一般。這令她想放棄跑步，也思索這樣的生活到底有甚麼意義。

「當時我覺得就算在便利商店打工都好。」千鶴說：「想逃離跑步。」她承認自己曾有過不好的念頭。感覺連好好的生活都是一種壓力。

---

1. 腔室症候群是對肢體、生命產生威脅的一種狀況，是因身體某部位神經、血管及肌肉在一個封閉的空間（腔室）中受到壓迫。

四次手術後，千鶴從走路開始，走穩了才開始慢跑。「第一次邁開步伐的課表是 400 公尺田徑場跑三圈。」千鶴說：「我一圈跑了三分鐘，但你不知道我多麼開心能再次跑步。」

那幾年她看透人生、感受人情冷暖。曾經被人捧上天，受傷之後反而被逐漸遺忘。學生時期的她騎著摩托車，想像著意外車禍之後，或許就不用再這麼難過地活著。在那段歲月裡她數次想著要放棄跑步這件事，但她很清楚自己熱愛跑步。內心不停地交戰與拉扯，「為了不要在以後後悔。」謝千鶴說道：「終究我還是沒有放棄。」

● **不死鳥的展翅復出**

歷經手術後八個月，謝千鶴挑戰了初馬——2013 年台北富邦馬拉松——跟隨著許玉芳的腳步，以 2 小時 49 分 32 秒成為國內女子第二，同時也是台灣女子最快初馬完成者。隔年民國 103 年（2014 年）十月三十日的新竹全國田徑錦標賽，謝千鶴以 35 分 36 秒 25 一舉打破大會 10000 公尺紀錄，也同時奪下金牌。這是她回歸田徑場的第一場佳績，但賽事過程中的每

一步都是戰戰兢兢。

　　「我真的很怕會再次復發。」謝千鶴說道:「手術後的每一場比賽,我都跑得非常恐懼。」腔室症候群不只在肉體留下了痕跡,也在她的心底留下了陰影。但這一次在全田賽跑出預期內的成績,儘管心底有陰影,卻也明顯地感受到自己的能力回來了。

　　術後相隔一年的 2014 年台北富邦馬拉松,謝千鶴一樣跑得不輕鬆:「我跑到後半段覺得好累好累。」她在這一次跑出 2 小時 51 分 01 秒奪下國內女子第一的成績。

　　接連幾場比賽都未見舊傷再現,這也讓她的心情穩定下來。從小就接受田徑訓練的謝千鶴,全身大大小小的傷勢都走過一輪。一身傷的豐富經驗,讓一塊訓練的仁武高中的高中生,每逢受傷都會問她怎麼處

理？

　「當然是去看醫生啊。」謝千鶴笑說。

● 展望世界的舞台

　2015 年，世界田徑錦標賽在北京舉行，這是謝千鶴首場參與的世界級馬拉松賽事。儘管得到出賽機會非常高興，但當時腳傷問題尚未痊癒，在左營高鐵站準備前往桃園機場的路上，數度心底拉鋸。

　「受傷沒痊癒，」謝千鶴說：「我很怕受傷又變得更嚴重。」不如想像中堅強，面對受傷的問題也會非常躊躇。多半時候都是與傷勢和平共處，她說只要能忍受，就會想辦法繼續跑下去。去到北京後，又一時失神跌傷了膝蓋，這讓原本就受傷的她埋下心底的陰霾。

　2015 年北京世界田徑錦標賽，總共有 67 名女選手參賽，有 2 名選手沒參賽，13 名選手 DNF。謝千鶴跑了第 52 名，後頭就是大會收容車。千鶴在後半程撞牆，跑不出好成績，儘管收容車就在後方，但她沒有打算放棄。

　「看到收容車在後面，我才知道我是最後一

名。」謝千鶴笑說：「我很擔心造成他們的困擾，但我不想放棄。」被大會收容車追趕的經驗很特別，但時間壓力也讓她喘不過氣。最終千鶴以 2 小時 58 分 25 秒回到終點，隨後難以遮掩地哭了起來。

除了北京田徑世錦賽之外，她也代表台灣參賽了兩屆世界半程馬拉松錦標賽，但最讓人津津樂道的是 2016 年里約奧運馬拉松賽。2016 年在大邱馬拉松跑出 2 小時 43 分 38 秒，跨入奧運門檻 2 小時 45 分獲得出賽資格。

首次參賽奧運，謝千鶴表示奧運馬拉松賽的氣氛不同於其他競賽，來自世界各地的跑者們會在比賽過程中彼此加油、鼓勵，儘管語言不同，但任何一個舉止、動作都可以彰顯跑者們對奧運馬拉松的熱愛。也是如此，身為運動員的她期盼能再次前往東京奧運。

● 飛翔的夢想

十多年待在高雄的謝千鶴，都在仁武高中與高中生、社會人士們一塊進行訓練。每天早上跑一餐，午後四點多再跑一餐，與高中生一塊訓練其實帶給她很多啟發。

「很多高中生對未來會很迷惘，他們經過的歲月我也度過。」謝千鶴說道：「我會以過來人的身分給他們建議。」之前當過代理教師的千鶴，對教育工作很有熱忱，在團隊中也很受歡迎。

　　2018 年 10 月的全國田徑錦標賽，謝千鶴在 5000 公尺項目以 16 分 59 秒 98 奪下金牌並打破大會紀錄。不到兩個月，她報名了台北馬拉松，並以 2 小時 40 分 44 秒成績，突破了個人在 2016 年台北馬的全馬成績。相隔一個月多的 2019 年 1 月，她飛往日本參賽大阪女子馬拉松新創個人最佳紀錄 2 小時 40 分 41 秒。2 月底她再次飛往日本參賽靜岡馬拉松，原本配速非常穩定，想以打破國家紀錄的配速前進，但到了二十八公里處她出現渾身發冷、噁心想吐的不適感，最終只能以 2 小時 44 分 35 秒完賽。

　　「靜岡馬拉松的賽道旁很多年長者坐在外頭為選手加油，」謝千鶴笑說：「結果我在旁邊吐了起來，很不好意思嚇到她們。」

　　從台北馬、大阪馬到靜岡馬三連馬，三個月內參加了三場馬拉松，為什麼要這麼密集參賽？千鶴娓娓道來，原本她是以大阪馬拉松為目標，所以先以台北馬拉松小試身手做為調整，沒想到台北馬跑得還不

錯。而大阪馬拉松她起初設定的目標是 2 小時 35-36
分左右,但馬拉松後段失速,所以跑得不好。儘管如
此,大阪馬拉松仍是她的幸運賽事,所以 2020 年仍
希望能重返大阪馬拉松再次挑戰。

● **紀錄就是留給人去破的**

　　對於沒有辦法突破全國紀錄,謝千鶴坦然以對:
時機還沒到。談到曹純玉在東京馬拉松突破全國紀錄
時,千鶴表示身為選手自然有失落也有歡喜。失落的
是破紀錄的人不是自己;高興的是她樂見曹純玉突破
全國紀錄,一來讓這高懸多年的紀錄看來不是那麼遙
不可及,二來是讓更多人關注女性選手在馬拉松賽的

表現。

「紀錄本來就是留給人去破的。」謝千鶴說。

2019 年 5 月中旬，謝千鶴前往日本參賽日體大長距離紀錄賽 5000 公尺項目，目標是打破許玉芳老師的 16 分 25 秒 21 紀錄。但因為配速不穩定，最後她以 16 分 45 秒 37 成績完賽。

「我剛好跑在第二集團最前面，但是離第一集團差大概二十秒，」謝千鶴指著前方，回想著說：「結果我配得很不穩，沒有跑好。」相隔一個月的 6 月初，她再次出現在日體大長距離紀錄賽。這一回，她以 16 分 10 秒 20 新創 5000 公尺台灣新紀錄，同時，一塊參賽的曹純玉也以 16 分 15 秒 13 新創個人紀錄，兩人一塊打破高懸十年的台灣 5000 公尺紀錄。

摘下台灣 5000 公尺、半程馬拉松紀錄的謝千鶴，坦言當然也希望能摘下 10000 公尺與馬拉松紀錄。但現在的她，會把目標放在全國運動會上。2017 年摘下三金的好成績後，也希望再次在全國運動會奪下三金。而在全國運動會之後，將會以 2020 年東京奧運[1]為目標做準備。

---

1. 因新型冠狀病毒（COVID-19）疫情順延至 2021 年。

● 跑步是一輩子的事

　　積極地為教職做準備，幾年前考上教師資格的她，訓練時間之外努力準備考教甄。

　　「我喜歡當老師，」謝千鶴說道：「能作育英才是很有意義的事。」身為體育生的她，自承讀書能力不佳，教師資格考了三回才終於考上。

　　如果成為了老師，未來還會繼續跑步嗎？千鶴笑說，當老師是她的志向之一，而跑步是一輩子的事。對她而言，跑步是修練人生的課題，所以即使擔任教職，也不會放棄對跑步的熱愛。

● 謝千鶴的小花絮

　　千鶴家中是三千金，她是最小的老么，她表示自己脾氣很大，又是急性子。所以被姊姊們娶了一個「火爆鶴」的綽號。

　　有一回在臉書上收到陌生人家屬的回應，有個從事軍職的跑者因為橫紋肌溶解，昏迷在醫院觀察治療，希望謝千鶴能給他一些鼓勵。千鶴雖然不知道自己的鼓勵能有甚麼幫助，但她還是親自打了一些鼓勵的話。沒想到八個月後，那位軍職的跑者親自向她致

謝。這讓她印象非常深刻，也讓她明白，保持善意的
祝福是帶有力量的。

　　大起大落，曾經重摔過又再次回到場上的不死鳥
謝千鶴，原本心底很糾結的事情，隨著時日越看越坦
然、豁達。跑步這件事構築了她生命的全貌，也讓她
的人生得以一再修煉，並有更好的成長。

台灣超馬三太子
胡樹名

> 「跑步一如道家靜坐一般，一個是靜，一個是動，都是與自己內心的對話。」

　　「一路走來都是許多善緣推著我走，」胡樹名說著：「十年來發生了很多事，自己也有許多改變。讓我很期待未來的十年。」胡樹名十五歲開始拜師修道，在浮沉亂世、走跳江湖多年後，於三十七歲接掌

宮廟，而過去十年的變化超越了他的想像，也為真武山受玄宮以及美麗的廣興、屈尺寫下新的一頁。

　　座落於地靈人傑的新店廣興路、屈尺之間，以玄天上帝、三太子為主神的真武山受玄宮，其最為人知的，莫過於是環島兩次、出征東京馬拉松與廈門馬拉松的超馬三太子，以及舉辦了有口皆碑的真武山超級馬拉松賽。

● 三太子祝壽造就優等賽事

　　2010 年才剛接掌受玄宮的胡樹名，當時一天三包菸的他苦於如何重振真武山受玄宮的名聲與聲勢，第一個考驗就是三太子聖誕祝壽。「父親過世後，

我是第一次為三太子祝壽。當時擲了四十幾筊，好歹也有一筊，機率上就不合理，但就是擲不出來。」他笑說：「然後我在心底默默問三太子是不是要辦三天的祝壽，誰知道結果就真的擲出筊來。」於是乎，與母親討論後遂決定在 2012 年為三太子舉辦三天祝壽慶宴。

胡樹名期許把真武山受玄宮打造成觀光廟宇，除了讓信眾參拜外，也希望帶起廣興、屈尺周邊的觀光經濟。但他也坦承，父親逝世之後，原本跟隨父親的信眾就另覓他處。他必須想辦法把人潮帶進來這兒。「讓更多人認識新店的廣興跟屈尺，是我的社會責任。」他說。

好巧不巧，隔年的四月份，李國憲（Q 爸）騎單車來到這裡，感受風景壯麗之餘，覺得此處相當適合，也與胡樹名相談甚歡，於是決定在這舉辦路跑比賽。「原本我以為只是把宮內場地借出來讓他們辦比賽，」胡樹名笑說：「誰知道最後是我們受玄宮主辦，然後其他掛協辦。」還好有新北市議員與當地的里長幫忙，才有舉辦比賽的經費。經費有了，但沒有方法。胡樹名對辦比賽、活動沒經驗，後來透過引薦才認識超馬協會的郭老師、淡水慢跑俱樂部的郭宗智

前輩以及許多跑界大咖，大夥為這場賽事出謀策劃。最後就誤打誤撞舉辦了有口皆碑的真武山超級馬拉松賽，並讓他對跑步運動深深烙印，也從而結識了一群深交、正面樂觀的朋友。

「第一屆真武山超馬舉辦日期是 10 月 21 號，剛好是農曆九月初七。」胡樹名笑說：「初七、初八，九月初九就是三太子的聖誕，這樣剛好是三天祝壽。」沒想到先前的擲筊得願，造就一場經典賽事，三太子就這麼把人們帶進受玄宮，也從而讓胡樹名的生活起了翻天覆地的變化。

● **每天都在問自己為什麼要這麼痛苦**

「有天在宮裡唸經，突然聽到背後有人說三太子

要去環島。」胡樹名笑説：「我聽到兩次之後，把經唸完後擲筊，果然是三太子的意思。」但環島談何容易，廟裡法會雜事甚為忙碌。胡樹名想説先把三太子的感應放著，等到把宮廟內大小事務安頓好，再開車帶三太子環島。

幾天之後，一個從山下來的法國人跑上來找到了他。那就是法國來的跑者吉雷米。吉雷米説要扛三太子去環島跑步。「我聽了全身起雞皮疙瘩，」胡樹名説：「但環島跑步畢竟不簡單，而且他扛的是受玄宮的三太子，出了甚麼事我無法交代。」幾次交涉之後，胡樹名只能把家裡、宮廟裡的事情全部放下，自掏腰包出錢出力硬陪著吉雷米展開一個月的環島跑步。

「我真正開始跑步是環島才開始。」胡樹名笑説：「雖然以前在田徑隊，當兵時也有跑步，但出社會之後就沒跑了。而且我每天三包菸，是要怎麼跑。」

與吉雷米輪流扛三太子環島的三十天，每天都有許多跑友共同加入陪跑一段。超過幾十年沒跑過步，胡樹名每天都在問自己：「為什麼要這麼痛苦？」一尊三太子的重量大概二十多公斤（淋雨之後泡棉吸水會到三十多公斤），藏納其中的人視野只有 45 度，

呼吸困難，不要說跑步，連走久了都會累。

　　胡樹名笑說自己當時沒有 GPS 手錶，對里程數也沒有概念，剛開始跑的時候，陪跑的跑友告訴他：「我們已經跑了 15 公里囉。」原本說好再跑一段就換人背三太子，胡樹名回車子開補給車。沒想到跑友的話不能信，他最終耐不住疲勞，跑友才讓他回去開車：「你知道我們跑了多遠嗎？我們跑了 46 公里！」環島的過程中，有風雨也有烈日，偶爾你看我我看你，仍是挨著性子繼續前行。

　　然而，這次環島帶給胡樹名不同的視野與感受，才發現台灣是如此地美麗且充滿多樣性。「沒有親自走一趟，不知道有多美。」他說：「一般講到環島都會想到開車，但跑過之後，才知道台灣真的很漂亮。」

　　「第一屆真武山超級馬拉松，吉雷米的號碼布是1111。」胡樹名說：「我們環島跑步的總里程數就真的是 1111 公里。」

● 出國比賽不能讓三太子丟臉

胡樹名真正戒菸並開始跑步，是為了帶三太子出

國跑東京馬拉松。「以前當然也想過要戒菸，但我不抽菸之後甚麼症頭都有，臉色發白。」他說：「連我媽看到我這樣都嚇到，說乾脆不要戒菸，只要少抽一點就好。」

2013 年跑完環島之後，胡樹名本想就歸回平淡，好好地經營宮廟跟舉辦真武山超馬就好。沒想到就在同年，跟幾個好友接連夢到三太子跑日本的夢境。擲筊之後確認三太子要出國跑步的願望，遂開啟遠征日本東京馬拉松的願景。

「我告訴三太子，如果要出去跑，沒有練真的不行。」胡樹名說：「請三太子先幫我把『菸癮』寄著，等跑完再還給我。請祂保佑我能順利戒菸。」確認東京馬拉松報名成行之後，胡樹名發憤起來，每天沿著受玄宮往獅頭山來回十公里練跑。如果被關門會丟三太子的臉，他說。

東京馬拉松開賽前，原本計畫是三個人輪流背著三太子跑，沒想到起跑區不同，最後胡樹名扛著三太子一路跑了三十公里，才因為肩膀承載疼痛難忍，才由其他跑友接過，最後胡樹名背著三太子跨過終點，不只順利完賽，也贏得了許多日本跑者的敬仰。

完成東京馬拉松之後，菸癮也不復存。誰能想到

原本一天三包菸的胡樹名，竟然說戒就戒，對此他把收穫歸功於神明的庇佑，三太子幫他帶來了人潮，也讓他認識了許多跑友。從跑步中取得的收穫很難三言兩語道盡，胡樹名與超馬三太子一連在台灣跑了許多場賽事，成為鎂光燈下的焦點，也讓真武山受玄宮的名氣大大提升。

● 一夕重創，形同死城

原本順遂的日子，隨著 2015 年一場天災損毀一切。八月份蘇迪勒颱風，紮實的暴風挾帶大風大雨在台灣造成死傷，座落於新店山區的受玄宮與當地村落也受到重創。交通要道損毀，汙泥與垃圾淤積。山明水秀的風景，也因土石流沖刷變得蒼涼。

「那時候，這邊就像一座死城。」胡樹名說道：「那時候想得不是如何恢復家園與救災，而是想放棄，放棄這一切……」對胡樹名來說，這是記憶以來最大的一次重創，不只摧毀了父親多年來於此的聖業，也讓他接任推廣宗廟文化的路途中斷。沒想到，受玄宮受創一事在跑友之間流傳開來，大佳路跑團與許多善心人士招集各地民間社團，許多跑者與朋友、

信眾放下家人跟工作，紛紛來到受玄宮幫忙清淤、恢復家園。一時之間也不知道怎麼辦，胡樹名坦言，但大家都很幫忙，自己怎麼可以不振作起來。

那一年，天災重創了新店山區，也讓備受好評的真武山超馬被迫中斷。原本設定十月的比賽，最終只能挪移到 2016 年 1 月，賽場位置也改到碧潭岸邊。即使是虧錢也要辦下去，胡樹名表示這是他對跑友們的承諾、以及對支持受玄宮人們的回饋。或許是上天給予的考驗，胡樹名明白自己的使命，除了背負推廣跑步運動，也要振興新店廣興、屈尺村落的觀光特色，再造榮景。他沒有敗給老天爺給予的考驗，反而持續為志業打拼。

● **面對挫折也要堅強地走下去**

睽違了將近半年之久，超馬三太子才又再次踏上馬拉松賽場。胡樹名除了背負三太子完成各地賽事外，也結合許多資源在新店碧潭舉辦「閃愛螢光 YA 跑」活動，把健康路跑的精神分享給人們。對他來說，跑步不再只是彰顯神威，而是透過際遇讓他變得更為成熟且睿智。

除了兩次環島之外，2019 年組成了超馬三太子團隊，挑戰了橫越台灣 246 超級馬拉松賽。在這場比賽中，幾個朋友輪流背著三太子，從台中港出發，跨過武嶺下到花蓮，耗時將近 44 個小時完成比賽。「從小七便利商店上到武嶺大概有七到八公里，」胡樹名說：「夜晚霧很大、而且空氣很稀薄，還兩次差點被下山的載菜貨車撞上。」路雖然難走，卻走得非常有意義。不同於第一次環島時的初生之犢，這時候早已有多年的練跑經驗，加上風災重挫後的重生，胡樹名能以更為樂觀的態度去面對這次的 246 公里超級馬拉松。

現在的胡樹名是承辦運動賽事的「停不了行銷有限公司 Teamplayer」的總經理，也持續打造真武山受玄宮成為台灣知名的觀光廟宇。不久前，他在上百間宮廟擲筊中脫穎而出，獲得了新北市玄天上帝文化祭的主辦權，這是受玄宮立業四十年以來的頭一回。為此，他希望結合廟宇文化與運動在 2021 年有更驚人的創舉。

「我打算 2021 年再環島一次，」他笑說：「不過這一次是召集三十到六十個人騎單車環島，除了把道教文化宣揚出去，也拜訪其他宮廟。」從滾滾紅

塵回到廟宇中，過去十年歷經了許多的變化與挫折，胡樹名不只成為一名跑者，期許未來的十年，也為推廣宮廟文化與新店山區觀光為己任。就如他所說，所經歷的一切，都歸功於上天神明的庇佑。

★跑者心法：

　　跑步一如道家靜坐一般，一個是靜，一個是動，都是與自己內心的對話。背負超馬三太子跑步，負重超過二十多公斤，視野狹窄，加上呼吸困難。你無法感受外界風景、也無法清晰聽見外頭的聲音，你唯一只能聆聽呼吸聲與心跳聲，從而也學習如何從動中取靜。

　　道法自然，從生活中學習。跑步是一種身體韻律的冥想。

雷理莎
的猛虎之心

「因為難，所以你才會去找方法。」

　　卸下模特兒裝扮，素顏的雷理莎彷彿回到一般女孩的模樣。然而，當她化身為跑者站立於起跑線時，你會看到另一個全然不同的雷理莎。不久前，理莎在大阪馬拉松跑出 2 小時 54 分 55 秒的成績，這是她第

一場全程馬拉松賽。雖然是一番全新體驗，但對她來
說，其實是找到了回家的路。

　　去年的台北馬拉松，參賽半程的理莎希望自己能
跑進九十分鐘內，最後她以 1 小時 26 分 56 秒跨過終
點。「跑全馬的想法，」她說，是在 2018 年的台北
馬時就有了。她報名了日本大阪馬拉松，並以此為目
標做訓練。

● 逆風飛行的大阪馬拉松

　　訓練的日子並非一帆風順，加上工作、照顧孩
子，生活非常忙碌，卻也體現了她對夢想的野心。
多頭馬車的生活，乍聽之下要完備訓練很困難。但理
莎卻說出了另一層見解：「因為難，所以你才會去
找方法。」當許多人在魚與熊掌不可兼得的情況下，
決定棄守一方而選擇其一，理莎則是運用各式各樣的
方法兼顧，包含身為母親的角色、運動員的角色以及
模特兒的角色。

　　難的反面不是輕鬆，而是放棄。因為難，意味
著總有爭取、挑戰的空間，即使榨乾自己，也要全
方面地照料一切。「我不相信認命這種事。」她說，

沒有盡力試過怎麼知道。

　　另一個困擾她的問題是身體健康狀況。肌肉不夠強壯、加上容易生病感冒，訓練的過程中傷痛不斷，大阪馬前一個月甚至兩度感冒。「馬拉松賽前兩天，我發現我喉嚨很痛，想說慘了會不會感冒，趕緊吞維他命。」理莎笑說：「跑完之後，感冒也沒關係，反正我跑完比賽了。」特別要感謝崇華與 Brian，讓她能把訓練充足做好，用最佳狀態上場參賽。

　　在大阪馬拉松之前，理莎的生活有些轉折，讓她一度迷失，思考著該不該跑這場比賽。心底衝突一再上演，陽光外表下的陰影烙印在她的肌膚上。最終，她仍是走上了前往馬拉松的道路。只要去跑步，一切就會變好了。只要去跑步，就可以為家人、朋友、甚至為兒子帶來力量。曾經帶給她動力、鼓舞她的人們，現在的理莎，也希望透過自己的步伐，成為他人追尋夢想的動力。

　　跑出 2 小時 54 分 55 秒的全程馬拉松成績，成績背後是許多時光的累積，以及正面面對生活與生命的逆境。她可以勇敢地對人說：「我做到了，你也可以。」在這份成績的背後，幾天前醫生才囑咐她注意膝蓋：「又痛起來妳要有棄賽的決心。」這一路走來，

真的非常不容易。

● 勇敢奔馳在道路上的猛虎

理莎的故事相似「灌籃高手」三井壽，一個自暴自棄的籃球員，誤入歧途而後重返球場的故事。理莎放棄跑步的時光，搖身一變成為菸槍，每天混在夜店裡過日子。生活變了，心境也是，變得十分暴躁易怒，完全與眼前謙和有禮的她是兩個人。「我很容易跟人起衝突。」理莎說。

七年的光陰，她生活在處處享樂、心底卻一點也不快樂的環境。「就是那種很空虛的感覺。」在夜店裡當 DJ，日夜顛倒的過活。這種無法從內心釋放自我、像是戴著面具逞強的日子，彷彿把她的能量深埋著，無處宣洩。

面對這份容易暴躁易怒的情緒，理莎的父親告訴她，你就像是一隻老虎，要把這種個性用在對的地方……。

跨越七年的時光鴻溝回到場上，儘管外界都稱她是天才跑者，理莎心知肚明，她已經不是過去的那個天才了。現在的理莎，對跑步有更深一層的認知與感

受。當理莎參賽時，旁觀者都可以感受到她猛虎般的氣勢，以及專心一致的態度。把充滿野性的力量留在跑步上，就會看見不同的雷理莎。

她喜歡閱讀心理學的書籍，她推薦《零極限：創造健康、平靜與財富的夏威夷療法》與《一個新世界：喚醒內在的力量》。此外，每天早上都會給自己一點冥想的時間，讓自己專心在思緒上，不受外在俗務的打擾。

「我回來跑步的日子，成績是很不穩定的，容易被干擾，」她說。之後心境比較穩定，成績就慢慢地拉上來。「我相信『內在的世界會創造外在的世

界』，」她說，如果心底不能正面面對事物，那麼外在事物一切就會變得扭曲。「當你想著要做甚麼事，要跑甚麼配速之前，你要先相信自己做得到。」

「人類非常強大，強大到我們這輩子也許都碰不到自己的極限。可惜的是，我們卻常常因為現階段看不到，就選擇低估自己。永遠相信，你比你現在想的都還強大。」雷理莎說道。

睽違七年回到跑道上，理莎才明瞭自己多愛跑步。跑步可以洗滌所有現實生活中的辛苦與煩擾，唯有在跑步的過程，哪怕只有短短的一小時，她是屬於自己，從難以接續的呼吸與急速搏動的心跳感受自我的存在，體察當下活著的真實感。

「我真的很愛跑步。」雷理莎說了至少五次，如猛虎天生熱愛自由奔馳一般。

● 心在哪裡就能跑到哪裡

前陣子理莎也看了 Eliud Kipchoge 在「INEOS 1:59 Challenge」跑出 1 小時 59 分 40 秒的表現，非常振奮人心。但隨之她也延伸出不同的議題，為什麼沒有女孩子去嘗試不同的挑戰。

「男生的目標是破三，」她說：「女生也一定可以。」雷理莎說，Eliud Kipchoge 的精神是「No human is limited」。身為女性運動員的她，希望更多人把關注男選手的目光放在女跑者身上。理莎不是立場強悍的女權主義者，她柔和且默默關注著每一位跑者；甚至在跑者受傷、遭遇困境時期勉她們有所突破。除了生活、工作以外，她關注著每一個運動員。

理莎笑說如果自己退休的話，未來會考慮去做運動經紀或運動推廣的工作吧。身為運動員，她有滿

腦子的想法，希望幫助更多運動員創造自身的價值、延續運動員的生命與成就。

眼見台灣運動員的價值被低估，理莎表示：「運動經紀在台灣很缺乏。一間公司需要會計、秘書、員工，我覺得運動員就好比一間公司，需要多方位被打造。」當外界人們定義雷理莎時，她希望被人定義是跑步運動員，而不只是模特兒。因為運動員的世界，是她熟知也熱愛的地方，也是生命的歸屬。外界無論再怎麼變化，都無法改變她熱愛跑步這件事的心靈。

新的一年，雷理莎除了把目標擺在賽事上，也會重新審視自己的飲食與訓練，期許在下一個階段看見更強大的自己。

周訓練課表

★訓練方式：

　　雷理莎的訓練周課表，一周會安排一到兩次速度間歇訓練以及一次長間歇，除此之外，每周安排一到兩次長距離跑，兩次配速跑（包含山路配速跑），以及二到三次肌力訓練。依循不同的周期有不同的課表。

★跑步小秘訣：

　　當我累了的時候，身體會開始改變跑姿。所以

會「想像」有人在後面輕推我的尾椎（屁股上方），這會讓我回到正常的跑姿。利用這分想像讓自己維持正常的跑姿。

★跑者座右銘：

「你願不願意為了一件喜歡的事，做十件不喜歡的事。你怎麼面對跑步，你大概就會怎麼面對你的人生。」

跑步對我來說是人生的縮寫，你會在短時間內遇上痛苦、快樂、懷疑、堅持、失望及突破。它讓我在一次次的困惑及挫敗中，找到把自己扶正的力量。

只要能觸碰到我內心底層的事物，就是我已經擁有的本質。不論何種考驗，都只是為了讓我擁有達成目標的素質。跑步是存在我血液裡的熱愛，它能開啟我還是個小女孩的快樂。你也知道小朋友，

跌倒幾次都願意再重新站起來。

★跑者心法：

　　訓練身體前，先訓練心。大腦其實會騙你，不一定會給你你所需要的。練習察覺思想、撕掉「社會標籤」。極限到了？撕掉。身體構造不利？撕掉。運動員沒飯吃？撕掉。

　　不論是訓練上的痛苦、傷痛或是生活的現實面考量等等。在這些大山前，第一步，穩住自己的心。它會是你的最佳裝備，帶你去你想去的地方。

浴火重生的
傅淑萍

「要進步就是不要安於現狀。」

　　2015 年 Mizuno Ladys Running 9 公里競賽，一場專屬女孩、女人、母親們的競賽，那天剛好是母親節。槍聲響起在 6 點整，一群強悍的跑者像是衝刺般拔腿向前。

離起跑點五百公尺遠的相機對準跑者，攝影師們虎視眈眈地等待跑者進入狙擊鏡頭，那是一種期待、拆禮物的心情——大夥都希望自己喜歡的選手能在前頭兒——再自然不過的心情。

「嘿！第一名跑好快！」有攝影師大叫。我擎起手邊相機。領先的跑者是弓箭箭頭、無視於引領前方的強風阻力。相機裡跑在前頭的人是傅淑萍！她不顧一切的衝刺，毫無保留。

「傅老師加油！」有人大聲喊著。她沒有任何回應，只是奔馳。

● 新起之秀，國高中時期

當個高的她出現在路跑賽的場子上，大家會直覺是馬拉松跑者。但學生時期的傅淑萍，專攻項目其實是 800 公尺跟 1500 公尺賽事；如果 100 公尺、200 公尺的短跑是無氧運動，5000 公尺及 10000 公尺是有氧訓練的話，1500 公尺則是有氧兼顧無氧的混合。

「小選手的時代就是，教練要我們練甚麼就是甚麼。」她說。國中就加入田徑隊的傅淑萍，在跑步上頗有天分，不只是身高、也不是腿長，而是一些不同

於他人的人生經歷。

自小與父母緣淺的傅淑萍，年輕時就有了自立的觀念。儘管有著教練收養，但年幼的心卻知道不能依賴他人。她無法把田徑當成純粹的樂趣，希望更多的，是在各大賽事獲獎之後的獎金。追求名次、追求成績，因為那些換來的東西是她無法如一般女孩所能得到的。每場賽事獲獎的獎盃獎座，含著淚滴的少女只能假作豪邁地全數扔棄，因為在她居住的地方沒有自己的房間與空間。

「跑步得來的獎金就是我的生活費跟學費。」傅淑萍說：「我當然喜歡跑步，但人生就是這樣。」她十分感念當年的教練，直到現在都感恩不已。

大大小小賽事，她掙得了很多獎項。如電影《馬拉松小子》主角說的：「我的腳價值連城，我的身體無所不能。」

傅淑萍最值錢的天份，是面對困境仍迎頭向前的拼勁，是那直率且真摯的勇敢。競賽時選手只要有一分動搖，就會被她狠狠地拋在腦後。

三重商工畢業之後，傅淑萍未如他人預期般投入北體、國體延續跑者生命。她進入師範大學就讀。

● 消失的十多年

就讀師範大學後，身邊沒有太多能參與田徑運動的夥伴，拼湊宿居外地的新鮮感，傅淑萍離開了田徑、別離了路跑的生命。她笑著說：「那個年紀玩樂的想法比較多。」往日苦練的時光，轉換成讀書、與同學相處玩樂的日子。

然而，這些年不是白費的。傅淑萍成就了自己的專業與生活。她成為一個老師，找著好對象也生下了可愛的孩子。沒有跑步的日子，並沒有阻礙、影響她甚麼。那些年代許多人是如此，嶄露頭角後卻又曇花一現。

好好的生活遠比其他事都重要，從小寄人籬下的小女孩比其他人更懂得這個道理。當小女孩漸漸成長之後，跑步無法給她更多謀求生活的機會。自問喜歡跑步嗎？也許當時的她沒這麼問過自己。

● 跑者，從「心」開始了嗎？

傅淑萍說，是有了孩子後才開始跑步的。沒有一個很明確的原因，就像電影《阿甘正傳》，突然一個衝動就開始跑步，並橫跨了美國。

跑步的世界有兩種人，一是從小就是田徑班、田徑隊，後來再踏上跑步之路，二是到達某個年紀、忽然有所感觸而開始跑步，或許是人事或許是為了健康；前者在進入社會後可能會放棄了跑步之路，依循社會的需求尋找某個事業營生。而有些跑者，仍會受到跑步樂趣的感召，再次回到跑道上。

　　自師範大學畢業後，為感念開始並發跡的地方，傅淑萍選擇回到重慶國中執教，帶領校內的田徑隊繼續訓練。重慶國中附近有許多田徑強校，包含成淵高中等等。會回到母校，不只是一個選擇而已，而是回到初衷。

　　幾年前才回到重慶國中的她，帶領著田徑隊訓練的同時，也慢慢地找回心中的陸上魂，開始在學校裡的兩百公尺操場繞圈跑了起來。自知已經不年輕了，比不上年輕的一輩，但心裡那個喜歡跑步的女孩還在，運動是一種習慣，也忘不了強風掠過耳際與肩膀的感動。前進的每一步，都追著那十七歲、在各賽事上摘冠的曾經。然而，那些輝煌已然過去。

　　傅淑萍一直是個跑者，即使存在著空洞的十多年，但她仍然沒忘記怎麼熱身、怎麼擺手，步伐怎麼與呼吸同步。

● 尋找平衡點、自我調整的新手跑者

婚後、生下寶貝兒子的傅淑萍，再次以跑者的姿態復出。不再被過往的成就與獎牌限制，明確地知道，跑步是自己的。她將要與時間拼搏，成就自己的夢想。

重慶國中裡傍著籃球場旁的跑道只有兩百公尺長，陰天時受到大樓跟樹木的遮蔭天色暗得快。傅淑萍恢復跑步的路很漫長，但心靈卻很自在。別了過去風光的自己，成為新手媽媽也再次成為新手跑者。

別過多年再次跑步的心情，傅淑萍說，「我想，我還是喜歡跑步。」不需要太多的理由跟原因，她只是選擇誠實面對自己。

「崇華是我的伯樂。」傅淑萍笑著說。

成為跑者是一種心境，但準備到足以出賽是另一回事。透過重慶國中與「三重箭歇團」的團體訓練，黃崇華找著了傅淑萍，積極地邀約她復出參賽。原本她是帶有一些懷疑的，但後來的表現令人不得不佩服崇華的慧眼識英雄。

準備回到場上的傅淑萍，才年餘就逐漸恢復水準表現，多次參與路跑賽事，並成為黃崇華「三重箭歇團」中最顯眼的跑者之一。她帶領重慶國中的學

生們在中學生的賽會上屢創佳績。她的加入也為「箭歇團」拿下 2014 年美津濃馬拉松接力賽冠軍。

「如果要上場，就必須是全力以赴。」傅淑萍說。儘管在訓練時受傷了，但她仍毅然決然地上場接棒，接力賽中不時會聽見她氣魄的低吼。

成為跑者之後，她開始周旋在跑者、媽媽、老師的三樣身分中，家庭是她所有一切的動力來源，老師是畢生的職志，而跑者則是她的選擇。傅淑萍只能選擇在空閒的時間練跑，不影響家庭及工作的時間上讓自己精進。很辛苦，但她不抱怨。家人與先生也盡其所能支持。她很明白現況，必須在家庭、工作、練習中找到平衡點。

然而，傅淑萍的凱旋並非完全順利。因為訓練時間的短縮，沒能做好充分準備，最終她拉傷了右腿，坦然面對跑者的宿命。她的訓練時間變得越來越不穩定，常是跑一休二，一天的訓練後伴隨著兩天的休養。

隨著右腿受傷之故，傅淑萍開始用左腳作為跑步時的平衡代償，常在完成路跑賽事後面對水泡及筋膜炎的折磨。這樣的傷勢令其不能回到田徑場上挑戰，只能選擇直來直往的公路路跑賽。當大夥都嚷嚷著要

她挑戰其他賽事時，只能苦笑接受別人的建議，把心底的苦衷往肚子裡吞。

「面對賽事都是全力以赴，不能盡全力對我來說很難過。」傅淑萍說。能正面地面對受傷的問題，但不能盡力享受賽事讓她無所適從。

無論是在身分、在傷勢之間，傅淑萍一直用低調且謙虛的角度找著平衡點。

● 從痛苦中浴火重生

身為跑者難以忘懷，強風掠過肩側、心肺就要崩裂、每一步硬實踏地的撼動。

「即使不是黃金時期的年齡，」傅淑萍說：「我還是有進步的衝勁。」

原本專攻項目為 800 公尺、1500 公尺的少女傅淑萍，成年後轉戰十公里、半程馬拉松賽成績不只是亮眼而已，更是讓人訝異。怎麼會有如此長足的進步？

「保護自己，謹慎地吃訓練課表。」傅淑萍說：「要進步就是不要安於現狀。」如果不嘗試，就不知道自己的可能性。沒有挑戰，就不會觸碰到自己的極

限。她對學生們說，如果不挑戰自己，你就只有現在的成績而已。

聊起成績跟過往賽事的話題時，她話鋒一轉地感嘆：「我沒有代表作。」她已經贏得大大小小數十座獎項、比起男性選手也絲毫不遜色，但她卻說自己沒有代表作？

誰都無法想像，飛奔起來像是獵豹般的傅淑萍，壓根沒有跑過全程馬拉松。她一直以來的夢想，就是把自己準備好，全速奔馳完成一場全程 42.195 公里的馬拉松賽。

「只想全力以赴。」她說，「沒有壓力沒有言語，我想為自己跑一次。」

當傅淑萍說著沒有代表作的當下，壓根就忘了自己已然成為「傳奇人物」的事實。是個平常人，有個好家庭跟一份好工作，可這一切都不會遮掩她少女到成長後，在每一場賽事所留下驚人記錄的事實。她沒有放棄夢想，一點一滴地累積能量，準備好自己的身心，在一場 42.195 公里的馬拉松賽掏空自己，讓疲憊與痛苦將自己啃噬，而在完成後浴火重生。

● 永不結束的人生漫長路

Mizuno Lady's Running 9 公里競賽，一個漂亮的
轉彎，傅淑萍以最快的速度折返。她的自尊心不允許
被任何人超越，唯有把自己燃燒殆盡的人才有機會。
但她的目標不是贏得第一，而是堅持到最後一刻。
唯一的對手是手上的那隻錶，消逝的每一秒都格外
有意義。最終，傅淑萍以大會成績 32 分 22 秒奪下冠
軍。不久後的第 13 屆舒跑杯路跑賽，她再次以 32 分
05 秒奪冠。

跨出去的步伐比任何人都大、步頻也比任何人都
快，右腿是伏有陰影的舊傷，左腳腳板是代價右腿、
隱隱作痛的水泡以及足底筋膜炎。不管是誰都會要她
別這麼辛苦，為什麼要這麼辛苦地跑下去。

她的人生不平不穩、坎坷不停，吞下的汗水與淚
水不亞於任何人。

盡全力跑步是件辛苦的事，但傅淑萍卻逼迫自己
正面迎戰。她會想起自己的人生，那些荒謬、艱辛的
人生；她會意識到自己跑了多少公里路，花了多少時
間逼迫自己成長。那些大大小小的心塵往事根本無須
再提起，歸納所有一切就是她經歷過的人生。不需要
再思索些甚麼，因為她正在前往終點的路。

周訓練課表

★訓練方式：

在重慶國中執教的傅淑萍，在教導學生們的同時也勤於自勉。熱愛跑步的傅老師每周安排六天的訓練，包含周一短程速度訓練、周三間歇訓練及周四中長距離跑、周六長距離練習。周二與周五則是安排綜合訓練，周日則是全休，把時間留給家人。

★跑步小秘訣：

　　與傷痛和平共處、亦不放棄自我訓練的傅老師，她的秘訣就是要懂得聆聽身體的聲音，在訓練的另一方面也要注重恢復與休息，著重恢復才能有下一次的訓練，注重休息才能讓身體成長。

★跑者心法：

　　面對每一場比賽，傅淑萍一旦下決定就會全力以赴，認真地面對自己的抉擇而不後悔。競賽如同人生，這條道路只有物競天擇、唯有適者才能生存下來。能堅持到最後的終點才是真正的強者。成為跑者這條路並不輕鬆，所以她也勉勵跑者們，「即使現在不是最好的狀態，但展現出來的，一定會是最好的一面。」

山裡捎來的強風
逐夢矢志的尖石國中

謝俊漢和
他的孩子們

「先學會輸，才有機會贏。」

　　連續三年在美津濃馬拉松接力賽奪下第二名的尖石國中，他們強悍的腳力是從幽靜的尖石鄉，在陡峭的柏油路上鍛鍊出來。

　　「尖石國中有兩百三十個學生，」他說：「大概

有兩百一十人都是泰雅族原住民。」謝俊漢談到在尖石國中執教多年的感想，他說，其實就像是跟家人相處一樣。根據統計，尖石鄉的人口約為九千多人，分處於前山、後山兩大區域，前山包含新樂、嘉樂、錦屏、義興及梅花五村落；後山有玉峰及秀巒二村落。這裡唯一的國民中學，就是新竹縣立尖石國民中學。

校區不大的尖石國中，洋溢著一股盎然生氣。不同於市區的學校型態，尖石國中的學生多了一分純樸，以及俏皮風格的可愛。在尖石國中執教近八年、一手打造崛起美津濃接力賽凸台隊伍的謝俊漢，學生時期在台中生活，他坦言原本沒打算回到新竹：「台中的物價低、生活方便，住得很習慣，」他說：「原本打算留在台中找工作。」當家裡出現變動，責任擔到肩上，於是謝俊漢決定回到新竹。恰好尖石國中缺乏師資，校方也給予機會，才有這份契機能承擔作育英才的責任。

● 我能跑，孩子們也行

一開始只喜歡跑跑步，沒想到此舉卻讓越來越多孩子們跟上他，也進而成立了田徑社團。「在這邊待

得越久，越覺得回來這個決定很正確。」在台體大專攻中長跑的謝俊漢，從小小的田徑社發現了孩子們的潛力。

「他們體力很好，」他笑說：「就叫他們一起來跑。」有感於偏鄉部落的頹圮，謝俊漢如師亦如父給予孩子們更多的空間與生活保障。後來，幾位年輕人透過跑步建立了自信，也一個一個升上大學。

當初只是鼓勵大家投入跑步運動，沒想到意外促成美津濃接力賽的開端。「當初人數不足還要跟籃球隊借選手。」謝俊漢說：「只是想說給小朋友們去試試看。」

2016 年接力賽第一戰，尖石國中就以優異的成績奪下第二名。這是教練謝俊漢始料未及的，他也才發現，原來這些孩子們很能跑。放開來跑，甚至比場內賽跑得更好。

● 抱憾的選手生涯

謝俊漢談到在台體大學生時期也曾經出賽大專甲組接力賽，只是碰巧在賽前車禍受傷，最後含淚候補不上場。之後的他，面對訓練課表仍會完成，卻已

經不再把心思放在訓練上，反而學生時期都在忙著打工跟交女朋友。

回想至此，謝俊漢已為人師，他最感慨的，是沒有一項代表作可以拿出來跟學生吹噓。「同學都會問我，老師你以前成績怎麼樣？」謝俊漢說：「這時候就會想，當時應該專注在訓練上。」雖然自己沒有運動競賽的代表作，卻也把這份心思交棒給尖石國中的孩子們，讓他們藉由參加競賽而獲得榮譽感、成就感。

「昨天一起測過六公里，」他笑說：「我自己也下去跑，跑不過他們。」談起隊伍裡選手的成績，謝俊漢臉上洋溢著驕傲。

● 帶人要帶心

田徑隊裡幾名學生是住在車程一兩個小時開外的後山，謝俊漢為求方便與妥善照顧，遂決定闢出一個樓層讓孩子們可以在此安心生活。「少數孩子是高風險家庭，需要我們的協助，」師母劉彗御說道：「家裡會撫養也有飯吃，但沒有教育。有些孩子從小就以為自己長大了要去砍柴、幹粗活。」遠從台中嫁到新竹的劉彗御，有感先生也是出身部落，希望能回饋為部落做點事，於是兩人毅然決然地承擔起老師一如父母的職責。

新竹縣尖石鄉是台灣最偏僻的鄉鎮之一，根據原民會的調查，平均失業率為一般平地人的 2.6 倍，過去幾年雖然政府訂定相關福利措施，但至今原住民的經濟、家庭問題始終存在。尖石國中的部分學生家庭失能，單親家庭、隔代教養，甚至是處於教養缺乏的問題。

「從老師身上可以學到很多，紀律啊，待人處事的道理。」謝俊漢的學生說：「老師對我們比好還要更好，很像爸爸。」說起謝俊漢，孩子們歡笑的語言裡有著說不盡的感激。除了尖石國中的田徑隊學生外，也有幾位升學至東泰高中的學生依舊住在老師家

裡，一塊與學弟妹們練習。

　　一開始謝俊漢教練自掏腰包給學生們買裝備，但隊員慢慢增加，這筆裝備費用就成了負擔。謝俊漢很感謝 361°品牌為孩子們做的付出與努力，以及各界大力提供資源支持。「361°給了我們很多，選手們不用擔心沒有衣服跟鞋子，也減少另一筆負擔。」他說。

　　採訪的這一天，他們才剛完成測速與全中錦，風塵僕僕地自花蓮回到新竹。於是謝俊漢讓他們玩樂、放鬆一天。田徑隊員與謝俊漢的家人們一塊踢著足球，在新關的田徑場嬉戲。

● 矢志在接力賽破紀錄

　　為尖石國中出征的兩名國一選手范仲瑋與莊妤芯，這是他們首次穿上尖石國中的背心出賽。范仲瑋笑說：「想要幫學長們圓夢，跑贏光榮國中，還要破大會紀錄。」莊妤芯則是從之前的緊張變得興奮：「我很怕自己跑不好，但我會付出生命去跑。」過去幾年，尖石國中都跑出第二名的成績。謝俊漢老師希望孩子們能放鬆地、盡力去跑，但不要害怕。謝俊漢提到，學生們路跑時都跑得很不錯，但每次只要上了田徑場參加場地賽就會緊張。

　　已屆國三的李安熙、陳成志、羅伊甸，明年就要升學成為高中生，三個人都曾經為去年、前年的落敗飲恨落淚。他們的目標就是破紀錄。這是最後一次為尖石國中跑的機會，無論如何，都想把優勝榮耀帶回去。

● 田徑隊就像是一家人

　　「我們的感情都很好，」學生說：「因為住在一塊，也一塊訓練。」不同於市區孩子訓練後各自歸途回家，尖石國中的孩子們訓練後，待在宿舍、

謝俊漢教練的家中生活。雖然田徑隊員只有十一名，但每個人對謝俊漢教練都是特殊的存在。當孩子們在放鬆的這天玩樂時，謝俊漢教練不時再三提醒：「不要受傷喔。」因為謝俊漢教練說，沒有其他候補了。

　　「我希望他們能跑贏，」謝俊漢說：「但我不想給他們太多壓力。」這群孩子很努力，接觸跑步之後，他們得到了榮譽感、也感受過不甘願，而這一切都會在未來讓他們的人生更為勇敢，積極。「我們還是會繼續跑下去，」羅伊甸笑說：「老師說不能隨便放棄，這樣以後做任何事都不會持續下去。」

尖石國中周課表

★訓練方式：

　　周課表的訓練，一般都會著重早上是有氧訓練，下午是速耐專項訓練，每周課表會有一天是放鬆（輕鬆）的課表，但因為國中/高中的也會隨著年度賽季的大周期而調整，其實國中/高中生的訓練狀況要常常因應學校的活動（考試、戶外活動、升旗……等）而隨時調整，但唯一不變的是尖石國中團隊，早上是非常注重有氧訓

練。

下圖為年度訓練整個狀況

時間	第一訓練期	第一比賽期	過渡期	第二訓練期	第二比賽期	過渡期
月份	12-3	4-5	6	7-8	9-10	11
重點	體能	技術	恢復	體能	技術	恢復

★跑步小秘訣：

　　跑步是一件非常有學問的事情，面對的影響因素也非常多，訓練／比賽，不止有心理因素、環境因素，各種原因都有可能影響了比賽或者訓練，嘗試著在練習中找樂趣，也要一直告訴自己事事盡力，面對訓練跟比賽也是保持一樣的心態，或許結果不是想像的美好，但對得起自己就好。

　　跑步也需要一種熱情，但要如何持續？就算很喜歡吃麥當勞，每天三餐買一份麥當勞給你也終究

會膩⋯⋯如何維持熱情，保持興趣，設定與保持跑步的目標、動力？要時常詢問自己。

　　跑步有很多學問、理論，甚至很多是教練自己自身的經驗分享，我認為沒有一定的對錯，每個人與生俱來有他的習慣，跑步也是一樣，就很像拿筆寫字、標準的握筆方式，誇張的變調姿勢，可以尋求教練的建議調整；也有些跑者會透過鏡子來檢視自己的跑姿。

　　跑步其實不乏味，跑野外可以欣賞風景，發現很多有趣的事物；場內跑課表，則可以跟自己對話，或者跟隊友對話、競爭，很多方式可以讓跑步這件事情變有趣。

★跑者心法：

　　無論是在任何訓練或者比賽，一定會遇到挫折，或者被自己的心理狀態、甚至對手給影響；面對訓練時一定有撞牆期與低潮，若不能去面對這些，又如何能迎接所謂的成果；比賽時也是，沒有誰是永遠的冠軍，若無法學會面對「輸」這件事情，贏也只是讓自己面臨更大的壓力，而不是一種成就。

最速廚師
陳維慶

「『自知之明』是跑者與廚師應該俱
備的條件。」

　　2019 年在東京馬拉松跑出 2 小時 33 分 41 秒的素
人跑者陳維慶，耀眼成績背後是個內斂且誠懇，在
工作崗位上嚴謹的職人。身為跑者的另外一面，是
WESTIN YILAN 的知味西餐廳主廚，也因此跑圈給

予「最速主廚」的美譽。談到此處,他對「最速主廚」、「宜運間歇團團長」的美稱只是笑笑,所有的稱號,最後歸納就是單純的「跑者」,而也是他所執著的唯一。

我們一群人去到宜蘭太平山翠峰景觀道路,這裡是陳維慶與陳立鑾長距離跑訓練地,在十月份全運會之前,兩人相約到此練習多次。除了海拔近兩千公尺外,氣溫也在攝氏十度以下,即使是套著外套,寒風仍能從細微的衣縫口侵襲進來。

● 自我要求的職人風格

除了入伍時是海軍陸戰隊,多多少少會跑步外,真正開始跑步的源頭是 2009 年。那時在飯店工作多年的維慶自覺不夠健康,為了減肥而開始跑步。「我是沒有到很誇張的程度,」他説:「但體重真的是比較重。」現在的陳維慶,一百七十公分,體重維持在五十七、五十八公斤之間,體脂肪控制在 10% 以下。

一開始只是暢快的跑步運動,慢慢地就變成一種自我挑戰。在飯店擔任主廚的維慶,肩負著沉重的壓力,目前餐飲內場需管理協調五個單位,從菜單的研

發、食譜製作、品質維持以及餐飲年度節日的行銷都須經過他手。而能好好地跑步這件事，無形中成為紓壓方式，分憂解勞。廚房內的嚴肅主廚，田徑場上則搖身一變成為專注的跑者。

談起工作上的嚴謹與認真，維慶不禁笑了：「我的同事都不敢加我臉書。」工作上他的嚴肅與認真，並不是刻意擺出來的，而是天性裡對「做到最好」的自我要求，一同對跑步的執著。「從 2014 年開始認真訓練之後，五年來我的訓練都沒有斷過。」他說，心底存有一個目標，直到達成之前都不會鬆懈下來。

2014 的那一年暑假，最初是宜蘭縣內路跑好手前輩，推薦一位長期在台北生活受專業跑步訓練的好手陳圍任回鄉，安排為期兩個月的有關跑步專業訓練課程與觀念。就是這樣的機緣，開啟維慶也想為宜蘭盡一份力量及付出。記得當時留言的話是「熱血，努力，持續創佳績！」至今還是維持這樣的信念，同時秉持著默默努力，付出不求回報，這是最初創團的寶貴精神。

維慶說道：「到現在我們都有很多的討論。」初次馬拉松就跑出 3 小時 11 分成績，在圍任的指導與幫助下尋覓自我探索的途徑。當圍任回到台北之後，

宜運間歇團的模式就定了下來，維慶也接棒下來。

「傳承很重要。」維慶說：「未來我也會擔任傳承的角色。」他常常告訴年輕的廚師，要耐著性子，想要學東西就要捨得花時間。無論是跑步訓練、廚藝，都有很多東西可以學習、摸索，即使跑出了 2 小時 33 分的成績，維慶仍認為自己有待學習、進步。

● 化繁為簡的人生

解構維慶的生活，大概就是主廚工作、跑步訓練與陪伴家人。每天工作時間十小時以上，遇訓練期的休假日幾乎都用來練跑，他的生活裡沒有太多的樂趣。「我的時間真的不夠用，」他說：「每天早上跑步一個小時，回家梳洗進食再接著上班，下班之後再前往田徑場做課表訓練約兩個小時才回家。」睡眠不足與訓練後的疲勞，長期累積下來並不是好事，所以非常注重飲食與恢復。

「單純一點比較好。」維慶以馬拉松世界紀錄保持人 Eliud Kipchoge 為例，活得越簡單，就能更專注於做好當下的事。身為主廚的他常常必須承擔工作上的公關任務，除了工作上的要求外，他盡可能謝

絕所有的採訪行銷。如果硬要說起生活休閒這件事，或許對他而言，跑步就是最好的放鬆休閒活動。

化繁為簡的生活裡，就是連飲食也同樣是如此。「我只吃身體需要的東西，」維慶說：「我不追求美食享受。」這些話出自於飯店主廚的嘴裡有些反直覺，但他確實是如此。

「有時候要品嘗新菜色口味會試一下，」他說：「但我不會吃，只是去試。」擔任主廚多年累積豐富的經驗，相較於過去，他已經較少每一樣菜色都去試味道，而是挑選食物風險較高的品項。

「如果如果你已經累積了很多經驗，應該會知道是甚麼味道，」他說：「現在食品添加物過多導致廚師漸漸失去最基本食物原味的認知，也為了消費者口味上的刺激調味越來越重手，這樣的型態時間一久自己也會對廚藝沒信心。」多年的廚藝經驗與跑步訓練，維慶認為「自知之明」是跑者與廚師應該俱備的條件。明白自己能跑到哪裡，知道訓練到不到位。為了讓訓練維持在毫釐之間，他樂於維持著規律且十年如一日的生活。跑步跟西餐一樣，有很多共通的道理。

「我會煮義大利麵，撒上佐料跟橄欖油就是一

餐。」維慶說，碳水化合物與油脂對跑者非常重要，
但大多數跑者太害怕吃油脂。「我吃油吃得很多，」
他說：「運動員不應該害怕吃油脂。」除此之外，
維慶一天會攝取到八顆蛋。因為每天都跑，身體需要
更多的蛋白質與能量。為了讓飲食幫助他有更好的
表現與恢復，不斷的學習運動營養相關知識，今年
度也與宜蘭大學的教授合作舉辦多場針對跑步課程，
主題為：「營養素與熱量的控制，馬拉松競賽前中後
的增補」，來讓團員學習。

　　恢復的另外一個關鍵是按摩與放鬆，在太平山
翠峰景觀道路，維慶與立羣兩人跑了將近二十公里。
訓練之後在太平山莊伸展收操，兩人專注且細心地伸
展、放鬆每一塊肌肉將近要一個小時。「很多人只注
重訓練，」維慶說：「但恢復也很重要，有好的恢復
才能幫助下一次訓練更有效。」保持在不受傷的前提
下，訓練才能一層一層地往上拉。維慶在訓練量最大
的周期，周跑量會上看兩百公里。

● 牢記教訓，展望未來

從開始跑馬拉松至今，維慶笑說他可以精準地說出每場參賽的成績與過程，包含在 2013 年羅東冬山河馬拉松的初馬，以及之後在 2014 年大阪馬拉松破三的表現。儘管他沒有說得很明確，但牢記過程、找出可以學習、改善的經驗非常重要。

除了自己的訓練之外，他對宜運間歇的團員們也非常關心，可以說出每個人大概要跑的秒數跟課表規劃，也透過訓練後的談話知悉跑者的訓練狀況、身體恢復等等。每年每季訓練都會參與固定賽事或是田徑場測驗賽，主要是自我檢視訓練帶來的成效，同時也能調整心率區間秒數，減少長期訓練的乏味與熱誠。目前跑團人員約三十位上下，人少卻精。在這幾年的規律訓練下，跑團有極大的影響力，可以看到路跑訓練較專業的一面。

所以每當團員們有意挑戰賽事時，維慶都不會吝於分享自己的想法與經驗，Be A Giver。幫助團員們進步，比自己的進步更為喜悅。

維慶外表看起來非常溫和，但結實肌肉底下卻是扎實的進取精神。不停泊於當下的安逸，而是不停地想要進步、學習。訪問後不久，他要前往日本參賽福

岡馬拉松。「我很興奮，」他說：「我知道我準備好了。」再之後，12月中他將與宜運間歇的朋友們一塊前往台北馬拉松。「很多團員這次要跑破三，」他說：「我沒有出賽，我會在終點等他們回來。」

周訓練課表

★訓練方式：

　　最速廚師兼宜運間歇團團長的陳維慶，一般他把馬拉松周課表細分為：準備期、基礎期、高峰期及調整期為期十六周的階段訓練，每個階段訓練的目的皆不同，其中也包含肌力訓練、敏捷訓練、間歇速度，在每周周里程、月里程都會隨著階段期別有不同的設定。

一周訓練的模式採以一日兩練進行規劃：每周一到周日早上都會安排八到十二公里的晨跑（取決於當周跑量），盡量以恢復跑、放鬆跑為主，讓心血管及肌肉持續刺激；下班之後則進行晚跑：周一、三、六各為十到十二公里的慢跑或漸速跑。周二與周五安排訓練課表，按照跑者在各距離最佳成績，換算並安排間歇訓練。

周日則是長距離訓練。補強的肌力、阻力訓練通常是沒有慢跑的早晨或休假日的下午時間。

★跑步小秘訣：

陳維慶認為，若能找到運動夥伴一起從事各項活動訓練，有助於彼此砥礪。

對於跑者而言，記錄自身的訓練數據、寫成訓練日誌，並注意身體給予的感受，就能達到進步的成效。看見自己一點一滴的努力，會發現訓練記錄

是很有幫助的。此外，也建議跑者設定階段性目
標，利用比賽來檢視訓練成效。

★跑者座右銘：

「跑步即生活，將每天運動融入生活習慣中，
從而讓跑步這件事變成常態。」

———

★跑者心法：

秉持初心的維慶認為，只有透過不斷的學習與
挑戰，才能做到最好的自己。「我在東京馬拉松體
悟到，想要突破成績，首先要先突破自己的心理障
礙。」

享受能跑步的每一天

從跑步見識人生的
蔡佳真

「害怕受傷，是因為喜歡跑步。」

「因為想知道自己到底多喜歡跑步，」蔡佳真
說：「所以跑了一場 12 小時的超級馬拉松。」

每周二、四在台北田徑場或是大同高中，總會看
見城中實業團的長跑練習。團隊中有個外型彷若洋娃

娃的女性，穿著休閒服的她很難跟「跑步」這件事連
在一塊。但穿著跑鞋的時候，流洩出來的氣息卻漾著
強悍。

　　出生雲林斗六的蔡佳真，講起話有些「兄弟氣
口」，她笑說：「在家裡如果不講台語會被罵。」北
上工作的她，待在台北已有好一段時日。她的跑步生
涯，也是從這裡開始。

● 因為失戀而開始跑步

　　不同於別人為了減肥、或是健康，蔡佳真幾年
前因為感情失利，想著給自己更為豐富的生活，於
是加入台北健身院開啟與跑步機相戀的歲月。每天
固定在跑步機上跑 10 公里，日復一日，在跑步機上
累積月跑量三百公里，沒想到似乎就跑出興趣來了。
蔡佳真實際上路，第一場初半馬白馬山盃就跑出 2 小
時 12 分，對一個市民跑者而言成績不俗。難以想像
的是，她以前對跑步這件事毫無概念。

　　儘管跑得很有樂趣，卻不知道自己到底多喜歡跑
步。探索自我的心思讓她起心動念，於是蔡佳真結識
了高志明大哥，從高大哥的部落格甚至是本人身上

學習有關訓練的一切。當時她對跑步訓練的認知是：一切立基於充足的跑量。於是在 2015 年到 2016 年間，有好幾個月月跑量超過五百公里，最後不只在花博公園台北超馬賽 12 小時跑出 108 公里奪下女總二的成績，也在同年將馬拉松成績推進到 3 小時 30 分。

● 為人作嫁的熱情 盛名所累

外型出色加上成績亮眼，蔡佳真很快就成了媒體與品牌寵兒。許多賽會與品牌會邀請她出席活動或是擔任配速員，蔡佳真表示自己很喜歡配速員的角色，擔任過很多品牌的配速員，也合作一些賽事協助選手配速。

「能用自己的能力幫助他人圓夢是很快樂的事情。」她說：「所以不管是參加賽事或是私下訓練，如果有人希望我幫忙配速，只要不影響我自己的訓練，我都樂意幫忙。」對她而言，喜歡跑步的心情拓展到希望將這份心情分享給其他人。懷抱熱情並鼓舞他人，也是如此，蔡佳真很受女性跑者的喜歡。得之於人太多，因為跑步而受惠，所以自然也想奉獻他人，幫助他人。

有一回蔡佳真受邀擔任運動品牌的菁英配速員，在被詢問月跑量訓練里程時，蔡佳真據實以報大概月跑量是五百公里，也因此獲得了「五百真」的外號，但她本人並不喜歡被這麼稱呼。蔡佳真表示自己身邊月跑量上達五百公里的人其實很多，自謙一點也不應該因此受到謬讚。「乍聽之下不容易的事，往往會讓人忘記從頭的努力厚度。」

成為配速員又加上五百真的封號，盛名之外是一種心境上的疲憊。某一次蔡佳真耳聞他人訕笑：「蔡佳真月跑量五百公里，成績還是很差啊。」這令她十分感慨，為什麼要嘲笑努力的人？原本一開始跑步的本心與虛懷若谷呢？不管是初學者或是休閒組菁英選手，蔡佳真都抱持著尊重的態度，因為她自己也是這麼一步步跑過來。只要是努力的人，就值得被認真

看待。

● 貴人無數 抱持感恩

蔡佳真的跑步之路貴人無數，從超馬的啟蒙者高志明大哥、涂俐雯醫師以及城中實業團的趙士翔，每個人都帶給自己不同的轉變與步上啟蒙的道路。

2013年蔡佳真在身上刺下一個圖騰──幸運草與金龜子──這是紀念她的祖母。從小出生在斗六的蔡佳真，爸媽都忙碌於工作，所以她幾乎是由祖母拉拔帶大。生活在鄉下的日子，當時亦沒有太多的娛樂。於是祖母總會帶著幼小的她去抓金龜子，看看幸運草。如果當時沒有祖母陪著她，蔡佳真無法想像自己會是甚麼模樣──這是她人生的第一個貴人。祖母在她高中時仙逝了，相隔多年之後，無論刺青再怎麼痛，也比不上那年失去祖母時的痛。

在2016年1月底的12小時超馬賽之前的幾個月，蔡佳真當時沒有名氣，也沒有一塊跑步的夥伴，大多時候幾乎是獨自在夜晚的河堤自行車道練跑，無論風吹雨打或是氣溫驟降的日子，她都緊咬著每一公里，朝著目標邁進。當時的貴人高志明大哥告訴她要累積

足夠的跑量，無形中也讓她打好了訓練基礎，長時間跑步的辛苦與疲勞感也逐漸麻痺。

「害怕受傷，是因為喜歡跑步。」蔡佳真說。

儘管在他人眼中蔡佳真顯得很厲害，但她也表示自己小傷不少，感謝涂俐雯醫師刀子嘴豆腐心的照護，讓她得以在一次次的受傷中復原再起。對蔡佳真而言，受傷這件事最大的影響不是成績問題，而是因為受傷而不能跑步，讓她的心情大受影響。每一回的跑步都能讓她感受充實、心情愉悅，而受傷時不能跑步，就會讓她顯得鬱鬱寡歡。

而 2018 年，趙士翔與城中實業團則帶給她全新的感受。

● 奉行減法的訓練與生活

2017 年 12 月蔡佳真在台北馬拉松跑出 3 小時 15 分的成績，過去的她一直是維持著高跑量、盡可能而跑的訓練模式。2018 年為了想探索自己的能力，她加入了城中實業團展開嚴謹的訓練，從認真面對跑步昇華成為自詡為運動員的氣魄。雙子座的蔡佳真自承是對事情三分鐘熱度，而跑步卻是她唯一幾年下來依舊堅持的活動。她的訓練邏輯也與他人相異，儘管遇到有人詢問時總會據實以告，卻往往讓人訝異。

「當其他人都試著練強度更高的課表時，」蔡佳真說道：「我則是把訓練課表以更輕鬆的狀態完成為目標。」其他人追求速度、每公里的配速，而她則是以訓練後的心跳數據為輔助。如果跑者能把原本辛苦的 3 小時 5 分課表跑得越輕鬆，那代表就能跑出更好的成績。她是這麼想的。蔡佳真舉了《市民跑者之王》這本書為例，書中常常提到練跑不要盡全力，而是維持八成力去練跑。

「以前的我喜歡打扮，喜歡買時裝。因為跑步變得很知足，簡單而滿足，跑完步的那口水特別甜。」她說，過去的生活夜夜笙歌飲酒作樂。

一反過去，轉身成為跑者的她，隨著訓練而活得

更為簡單且純粹，不為外物所拘泥。訓練、工作與生活，讓整體生活過得單純且簡單，也是心理層面的另一種轉折與改變。在外人眼中似乎有些冷冷的蔡佳真，其實骨子裡是外冷內熱。外表冷漠加上說話時的兄弟氣口，是她的自我保護。能穿透過這層冷淡的厚壁，就能感受蔡佳真熱情洋溢的少女心。

「雖然人家說我看起來很酷很帥，」蔡佳真承認自己在感情世界裡是個小女人。單身的她，身邊不乏追求者，但蔡佳真並不急著找對象。對她來說，先好好跑步訓練、認真工作為主。

● 東京馬拉松 3 小時 04 分 24 秒

在酷寒的東京馬拉松跑出個人佳績 3 小時 04 分，她笑說冷到連腳掌都麻痺了，否則應該可以跑得更好。蔡佳真對於破三這件事抱有期許，卻不將它視為特別重要。她認為只要以現有的方式訓練下去，或許破三就會不知不覺地完成，但如果刻意追求 Sub3，會不會因為失敗或成功，而失去原本對跑步的樂趣？

「盡力全開的比賽隔天，我還是很想跑步。」蔡佳真說。可以想像她對跑步的熱愛，以及跑步帶給他

甚麼樣的改變。

　　從跑步見識人生、領受不同的友誼與認同，是她探索跑步後最大的受益。但是否該把目標專注於成績上，她坦然表示，訓練是為了跑出好成績，但她並不會因為成績而患得患失。如果一次沒有跑好，那麼就改變一些東西，不管是訓練或是飲食，甚至是休息恢復等等，蔡佳真表示自己還可以學習、改變的東西有很多，這往往讓她十分期待與興奮。每一次的自我改變，就能有不同的收穫。

　　連續跑了四屆台北馬拉松，五屆渣打馬拉松，蔡佳真表示自己仍會繼續維持對台北馬的熱愛。除此之外，她也想在近期嘗試不同的運動，如鐵人三項、越野跑等，對她而言，跑步這件事帶來許多心靈與身體上的好處。除了繼續擔任配速員幫助他人之外，也希望從不同的運動中感受不同的樂趣與生活。

周訓練課表

★訓練方式：

對跑步懷抱熱情的蔡佳真，除了工作與生活外，很多時間都在田徑場、自行車道跑步。每周二、四參與團練以進行速度訓練，周末安排長距離跑，其他時間都以慢跑、輕鬆跑為主。要維持好的健康與體力，累積一定的里程是必要的。要能保持長期練跑不受傷，跑者必須在訓練量與運動傷害中

取得平衡，她也不是每個月都能跑五百公里。歷經
過受傷之後，才會更珍惜跑步這件事。

★跑步小秘訣：

　　如果想要有充實的生活，奉行減法的生活哲學
很重要，不受外在的誘惑、不把時間耗在無意義的
事情上，只把時間用在跑步、工作及好友身上，生
活就能充實且具有意義。更重要的是，想成為跑
者，必須要有喜歡跑步的心意。剛開始跑步可能有
不同的原因：減重、增進健康……等等，一旦開始
喜歡上跑步，就不會受到其他因素的影響，而能真
誠地投入。

　　累積一定的跑量很重要，哪怕是一個月只跑
一百公里都好，累積足夠的跑量會讓身體、心肺都
打下基礎。

★跑步心法：

　　透過跑步可以認識自我、也可以見識身邊所有的人事物，不要因為一次成績而患得患失。只要路還在就沒有終點，跑步這條路可以學習的東西很多，讓自己多嘗試不同的訓練、飲食或是恢復等等，或許就可以看見不同的自己。

周俊宏的
超馬之路迢迢

> 「下雨天幹嘛不跑？
> 下雨天我最喜歡，最好跑。」

　　近幾年的超級馬拉松賽場上，總有一個身形健壯的跑者奔馳在場上。如健美選手般的身形在一群瘦削的跑者中顯得格外引人注目，憑著堅強的意志力與強大的體能數次在超馬場上獲得佳績，先前從日本的櫻

花道超級馬拉松凱旋歸來，他就是周俊宏。

　　自小熱愛運動的周俊宏，高中時是籃球校隊選手，曾經在職籃「台啤籃球隊」的前身──「公賣金龍籃球隊」當實習生。喜歡運動的習慣持續保持到出社會之後，除了練得好身材之外，長期運動也讓他養成堅忍不拔的心志。談起跑步，幾年前朋友邀約他挑戰台北馬拉松，為了希望能順利完賽才開始跑步，沒想到就這麼跑出了興趣。

● 一路跑到超級馬拉松

　　跑出興趣之後的周俊宏，在跑步的大道上遇到不少同好，其中首推國內長跑界的傳奇人物何信言。跑了一輩子的何信言不僅常常與周俊宏相約練跑，兩人常常一跑就是一個半程馬拉松。即使是炎熱的天候，或是下著雨的雨天都勤跑不輟。

　　「下雨天幹嘛不跑？」周俊宏說：「下雨天我最喜歡，最好跑。」

　　2013 年的石碇超馬以及冬山河超級馬拉松百公里賽是周俊宏的出道賽，雖然當時的成績並不顯赫，但感覺得出他對跑步的熱愛。2015 年的冬山河超級

馬拉松首度增設了一百英里（160 公里賽），周俊宏那一次以 17 小時 22 分 42 秒奪下總排第三的驚人成績，也獲取了前往斯巴達超級馬拉松賽的資格。

一路征戰數場 24 小時賽，在東吳國際超級馬拉松、台北超級馬拉松征戰數年，連霸北海岸如來神掌百公里優勝，在 24 小賽場擁有最佳成績 218.6 公里。在舉世聞名的斯巴達超級馬拉松以 32 小時 38 分 40 秒完賽，今年也從櫻花道超級馬拉松以 33 小時 55 分完成比賽，緊接之後，將前往法國參加 24 小時世界盃錦標賽。

● 目標是 24 小時超級馬拉松

周俊宏談到自己的身材，不同於瘦削的年輕跑者，半途出家的跑者沒有速度優勢，加上一身健壯的肌肉，他認為選擇 24 小時是個很正確的決定。耐力是只要肯練，就一定能有好成績。對他而言，24 小時超級馬拉松每次的挑戰都是一整個日夜，也如同真實人生一般。

此外，跑步也是一種身教。身為超級馬拉松跑者的周俊宏，同時也是一個好爸爸。他表示透過跑步，

可以讓孩子們知道爸爸在做甚麼，努力甚麼。孩子會從父親身上學習，所以重點不是要求孩子要做甚麼，而是必須身體力行讓孩子感受。為孩子們埋下成長學習的種子，有一天他們為父親感動且驕傲。

　　為了準備 24 小時比賽，平均一個月要跑上近千公里，平日上午外出跑步就是半程馬拉松或三十公里起跳。無論是雨天或是艷陽天，周俊宏依舊如故。因為從事餐飲業，在新北市三重區仁愛街開設了一間「斯巴達香雞排」，所以多半訓練時間都是上午。假日時，偶爾長距離一跑就是近百公里，從蘆洲跑到基隆，或是繞著陽明山、觀音山跑一圈。

● 從超級馬拉松淬練跑者情誼

櫻花道超級馬拉松這場競賽是為了紀念國鐵巴士司機佐藤良二先生，在他僅有 47 年的人生中除了擔任巴士司機外，就是抱持著「透過櫻花之路將太平洋與日本海作連結」，一生種下兩千棵以上的櫻花樹，也因此這場沿著佐藤先生種下櫻花的路徑就被成為櫻花道。

具有多年歷史，長達兩百多公里的超馬賽，每年限額國內外百來名選手參賽，依據每個選手的賽事資歷作為審核標準。選手們從愛知縣的名古屋城出發，沿途經過岐阜縣、世界文化遺產觀光勝地白川鄉，最後終點位於石川縣金澤兼六園。

長達 250 公里的櫻花道馬拉松，真的是一點也不輕鬆。前面的百公里對超馬跑者周俊宏而言，只是過去訓練的起始點，跨過一百公里之後，各種身心會出現不同的狀況與聲音，才是跑者應關注的重點。

「跑到大量流失電解質，」周俊宏說道：「加上會遇到撞牆，所以要懂得掌握補給，並調整心態去恢復很重要。」他談到，後半段雖然跑得有點辛苦，但剛好遇上了同為超馬跑者的李芳吉，跑在一起有說有笑，慢慢地把心態調整回來。對於馬拉松而言，

跑快一些就能越快結束。

　　對於超級馬拉松而言，需要的不只是跑快，而是順應任何身心變化、隨機應變的調整，轉化痛苦成為接續跑下去的力量。超級馬拉松，是一種心態上的耐力競賽。

　　把重心擺在東吳國際超級馬拉松的周俊宏，歷經幾年來的訓練所得的經驗，希望能跑出更加進步的成績，也期許在這兩年內能跑出國際選手標準的 240 公里。2020 年，他也將首度跨足挑戰 48 小時，在原本建立的耐力根基上再追求另一層次的發展與表現，也希望大家能給予支持鼓勵。

　　一個月能跑上千公里，靠的不只是一雙好鞋而已，還有妻兒、朋友，以及蘆洲慢跑等人的支持與幫助。跑步向前的腳步是自己踩下的，鼓舞他前進的每一步，都來自於支持他的每一雙手。

周訓練課表

　　周俊宏的目標是超級馬拉松，譬如針對 24 小時賽或是斯巴達超級馬拉松，所以訓練課表的里程數十分驚人。通常會是以三個月的耐力訓練課程，跟一個月的速耐力訓練為主。

★訓練方式：

　　耐力課表為星期一 21k，星期二 30k，星期三 21k，星期四 60k，星期五 21k，星期六 60k 與星期日 21k。基本上就是這樣循環 3 個月沒有休息

日。之後一個月的速耐力訓練會包括間歇、節奏跑、加速跑。

★**跑步小秘訣：**

　　常聽人說跑步大太陽、下雨、寒流侵襲很痛苦不想跑，然而跑步的快樂往往來自於今天的自己在訓練中征服了種種因素而有種莫名的驕傲，也因為有一顆對跑步熱情的心。

　　其實跑在河濱追著腳踏車，看著來來往往的跑友這都是樂趣。特別是帥哥辣妹出現、又或者是互相傷害，「卡唬爛」的跑友。真正對跑步的喜悅，來自於完成每一次訓練後的滿足感，以及有機會體現訓練成果的興奮，以此做為自我激勵。

★**跑者座右銘：**

「喜歡跑步這件事，
擇其所愛，始終如一。」

———————

★**跑者心法：**

　　為了成為跑友與家人的表率，周俊宏以身作則，堅持到底。永遠保持正向思考，正向能量釋放。對一場目標賽事有著意念，隨著親情加持、友情鼓舞，就能執著地針對賽事全力以赴、堅持到底。

沈嘉茜為您上一盤美味的咖哩飯

> 「運動就跟生活一樣，
> 一輩子的事，不可能會放掉。」

　　位於雙城街上、鄰近雙城公園的 C Major Curry Bar，店內是現代感的吧檯設計，結合開放式廚房的特色，不難感受到店內特有的氣氛。才營業不到一年的餐廳，聲名遠播，迅速擄獲美食媒體與部落客的味

蕾。揉合了日式與泰式風味的咖哩餐廳，每一道出餐都由廚師親手現作，色香味俱全令人食指大動。

在轉身成為咖哩餐廳的老闆之前，她以身代書寫下許多故事。瘦削背影的那頭，很難想像他是女子馬拉松百傑名人，在臉書網路上名為「沈小西」，許多熟人暱稱為小西瓜。

2009 年的國道馬拉松，當時的跑步熱潮還沒升起，沈嘉茜就以 3 小時 19 分 54 秒奪下女子總二的成績。之後在許多馬拉松及路跑賽事都跑出佳績，2017年的南橫馬拉松一百公里賽，她亦以 11 小時 15 分18 秒奪下女子組第四名成績。

2012 年首度跨足三鐵賽，首賽就是台東活水湖國際鐵人三項賽半程鐵人 113 項目。不管是路跑、馬拉松、自行車與鐵人三項賽，沈小西都擁有成績與高知名度。對於過往的豐功偉業，沈嘉茜只是笑了笑。但在笑容的背後，其實是好一段時光長久的辛酸。

● 生命的警鈴終究會帶來祝福

「我才剛保完險就生病，當時保險公司還以為我要詐財。」沈嘉茜笑著說。

十七歲的年齡，為了存錢所以給自己保儲蓄險，沒想到才保完幾個月，就檢測罹患淋巴癌，保險公司還特地調查是否為詐財案件。罹患淋巴癌並沒有擊倒她，後頭接續是開刀手術與化療。

沒想到的是，兩年後 19 歲再次復發，歷經生死邊緣的她儘管崩潰，卻沒有因此喪志，自己轉病例找尋醫生，展開另一段治療過程。在年輕時跌落了深谷，卻造就她面對生命更為坦然，也更為堅毅的態度。

這份曾經罹患疾病的履歷，成為她支持兒童癌症與癌症研究的動力。2009 年距今十年，沈嘉茜榮獲抗癌楷模榮譽。直至今日，每年都要回到醫院回診。

● 心無旁騖的跑步

對任何事總是百分百投入的沈嘉茜，開始跑步後就一股腦兒的投入，好幾年光景是每天固定跑二十公里，月跑量上達六百公里。那種熱情是難以言喻的。

「跑步是一個可以全心投入的運動，」沈嘉茜說：「只要有路，就可以跑下去。」在運動中把自己沉穩下來，忍耐痛苦與疲勞地跑下去。過往的歲月裡

歷經了許多磨難，沈嘉茜擅於讓自己進入心流狀態，專注一致。這點也體現在她另外一項樂趣『拼圖』上頭，面對三千片的拼圖，她也可以獨力一人在兩周內完成。這種 All OUT 風格的投入，使她在馬拉松、路跑賽屢獲佳績。

隨著年齡逐漸增長，生活開始出現失衡。原本在辦公室內從事內勤工作的沈嘉茜，在運動、生活與工作間沒有中庸平衡。儘管生活多采多姿，運動歷程也非常優異，但卻沒有一個得以讓她穩定下來的目標。沈嘉茜可以選擇以現況的生活維持一輩子，但她卻選擇了不同的道路。

● 煮好一盤咖哩飯就夠了

「其實我在幾年前就有計畫要開店了，」沈嘉茜笑著說：「餐飲業是最好的選擇。」開餐廳只專賣咖哩飯這件事，讓她身邊許多人都掉了下巴。加上從來不下廚不進廚房，許多人對她的開店計畫並不抱太大的期望。

只做好一件事就夠了，她秉持這樣的想法。沈嘉茜表示，咖哩飯是少數可以一個人出餐的餐點。但她

想的不只是「吃飯」這件事，而是創造一個專屬於 C
大調的餐飲風格，所以沈嘉茜自行設計餐廳的裝潢、
添購最好的食具與料理原材，如米飯是選用台東知名
的關山米。

為了把看來不起眼的咖哩飯作到極致，她連盤子
的尺寸、筷子的長短都有統一的規劃。而且為了考量
時間成本，一開始就買了 32 個盤子。

「我的吧檯只能坐八個人，如果一次坐滿八個
人，午餐時間翻了四輪，我至少可以專注料理上，不
用忙著洗碗。」她笑說：「但如果真的超過三十二個
人，飯鍋沒飯我也沒辦法。」但後來，因為 C 大調
咖哩飯受到許多人青睞，沈嘉茜曾經有一日出餐上百
盤的紀錄。

很難想像，幾年前的沈嘉茜完全不下廚，現在則
是 C Major Curry Bar 的老闆兼廚師。為了開餐廳這件
事，沈嘉茜放棄了原本熟悉的辦公室工作，專心地在
三處餐廳打工學習，從洗盤子、切菜、怎麼調料咖哩
醬料，一步一步地學習。學習廚藝這件事開啟她第二
個人生。

「當時很多學徒都是二十幾歲，很少有人是我這
個年齡才開始當學徒，」沈嘉茜說：「但我知道我的

目標是甚麼，然後，我必須跟時間賽跑。」

　　餐廳學徒磨練吃了非常多的苦頭，儘管回想起是美好的滋味，但當時幾乎是從零開始。忍耐廚房的高溫，日復一日的洗碗以及默默切一晚的菜。兩年的時光，她學了不少伙房技巧，也淬鍊出獨樹一格的咖哩醬汁。

　　「咖哩醬汁是日式跟泰式咖哩的結合，」沈嘉茜說：「但我不用馬鈴薯或是太白粉，所以醬汁很鮮美卻不會稠膩，也不容易胖。」獨樹一格的咖哩醬汁深獲好評，多次有客戶詢問要買她的咖哩醬汁。

- **在生命轉彎的地方**

　　「我很怕讓人失望，」沈嘉茜說：「所以我都會盡力做到最好。」

　　有一回摔車破了相，在回家之前還特地先告訴媽媽：「我沒事，但是臉整個破相，妳看到不要太難過。」儘管這麼說，她仍然在母親的臉上看到難過的神情。家人是她最重要的一環，身為老么的她，癌症治療期間姊姊為了照顧她翹課缺課，開餐廳之後母親常常會到店裡幫忙。

「我常常要告訴我媽不要慌不要急，」沈嘉茜說：「在吧檯，所有客人都看得到，如果妳忙得很急躁，看起來就不雅觀。」優雅，這是 C 廚師的餐飲美學。

　　這一點也在日後深獲母親的認同，她已經不是母親掛念的小女孩，而是能獨當一面的餐廳老闆。讓母親為她驕傲，這是身為女兒最大的榮幸。

　　那麼還運動嗎？對此沈嘉茜笑了笑：「運動就跟生活一樣，一輩子的事，不可能會放掉。」每天早上如果不是跑步，就是上健身房運動。運動完之後，八點進餐廳備料、煮醬汁，等待午餐時間的到來。

　　每天超過十二小時的工作時間，累，卻很值得。看見盤子裡醬汁不留一點，回收後疊高的空盤，總帶給她滿滿的成就感。多年來的辛苦與壓力，終於為她帶來些微的滿足，而過去生活多采多姿的她，現今活得更為自在也單純。

　　「我每天都期待著工作。」沈嘉茜說，這不只是謀生的本事而已，而是專於她的生命藍圖。很多人習慣過著一如往常的生活，對生活不安卻也畏懼改變。

沈嘉茜說，只要有縝密的規劃，她很鼓勵大家要提起勇氣、嘗試改變。相隔數年的光景，她有如此大的變化，也希望透過自己的故事，能帶給更多人勇氣。

曾經是癌症病患、強悍的馬拉松跑者，多年之後，沈嘉茜成為了 C Major Curry Bar 知名餐廳的老闆，親手為客戶製作每一道餐點。這一路走來，淬鍊後的美味總帶著濃郁的感恩，感謝支持她的親友、DWD Triathlon 休閒鐵人社團的夥伴們，以及一路走來無論是看好或不看好她的人，最重要的是，一直義無反顧支持她的先生洪鄭仰。

這一切美好的回憶與故事，你都可以在一盤用心料理的咖哩飯中吃出滋味。

周訓練課表

★訓練方式：

　　身為業餘選手，沈嘉茜從來沒吃過課表，以前會刻意要求跑到自己設定的里程，瘋狂時期有過連續兩年、每個月月跑量六百公里的紀錄。現在因為時間較少，除了休息時可以跑一個接近 21 公里的中距離外，也會在跑步機上跑一些間歇維持基本體能。

★跑步小秘訣：

訣竅就是，專注在跑步上頭。

對我來說，跑步雖然是一個看似放空的運動，但專心真的很重要。專注自己的呼吸、配速，如果在路上遇到比你稍快的跑者，學習他的跑姿是一個蠻不錯的方法，比賽時也可以找一些速度差不多的跑友跟著。

★跑者心法：

要能維持長久跑步的習慣，我覺得不一定要真的很喜歡跑步。但要把跑步當成生活中的一件事，每天都要吃飯、洗澡，不會有人認為這些生活小事需要靠意志力去維持吧？如果能把跑步運動當成像洗澡一樣，完全不會痛苦而且更能持久，也不會因為沒有目標賽事就不再跑步了，因為跑步早就融入你我的生活之中。把跑步變成一種生活，而不是一件事。

體驗幸福的美味

一生懸命的
邱弘裕

「跑步跟開店都很辛苦，但大家都有
自己的工作跟生活要過。我很珍惜能
訓練的日子。」

　　鄰近羅東林業文化園區的一間麵包店，人潮絡繹
不絕，店內擺放著厚實的麵包與點心餅乾，你可以到
裡頭點一杯咖啡，坐著享受美味的下午茶時光。

　　投身一輩子做出好麵包的邱弘裕，在辛勤的烘焙

工作之外，深深熱愛著跑步運動。他說：「跑步跟做麵包一樣，都是可以投注一輩子熱情的事。」

「小時候，家裡不是過得很好，常常是有一餐沒一餐。」邱弘裕說。

因為父母親從事送貨行業，往往一出門就兩三天在外，為了賺錢跟求一餐溫飽，國中還沒畢業就隨著兄長投身烘焙業進入麵包店打工，從最初的學習製作豆沙餡開始。學徒的日子很辛苦，但他卻非常勤奮且努力，撿一些大人們不做的零碎工作，一點一滴地讓自己成長茁壯。「做學徒，甚麼都要學。」他說：「有積極的心態很重要。」

國中畢業後原本有意升學，但麵包店的工作十分繁忙，每一年的節慶與廟會烘焙業的需求總是特別驚人。邱弘裕笑了笑，讀了兩次高中一年級，最終還是輟學回到烘焙業。對於麵包擁有熱情的他，包含服役從軍時都是在廚房工作，每天做饅頭給其他弟兄們數著過日子。

只有國中畢業的邱弘裕，言談中有一股斯文且文質彬彬的氣質，說起話來不疾不徐，談起對麵包製作的理念時，懇切且樂於分享。投入社會之後，一路在麵包店、蘭城晶英酒店、礁溪老爺酒店服務，

曾經是礁溪老爺酒店的點心房副主廚，除了擔任烘焙師傅外，也在各地教學烘焙手藝。

直到幾年前，邱弘裕在社區大學任教時認識了現在的老婆郭晨瑩，在她的鼓勵下決定成立自己的麵包烘焙坊。於是乎，才有了發跡羅東、營運將近五個年頭的原麥森林烘焙坊。才四十出頭的邱弘裕，一輩子的熱情都投入在麵包上頭，持續進修學習，找尋健康與美味、令人吃了感受幸福的滋味。

● 從健康中找尋幸福的美味

開業烘焙坊時，常聽得醫生或是人們討論精緻澱粉對於健康的影響等等。這也是邱弘裕經營原麥森林的理念與想法，他表示，很多麵包會為了美味而添加修飾澱粉、改良劑及人工香精……等等，但他經營及推廣烘焙的目標希望在美味與健康取得平衡。所以店內的麵包皆不添加改良劑及人工香精，不使用商業酵母而使用天然酵母，包含麵包製作的食材追求在地化與自身信任。

「為了選用好的用油跟食材，麵包製作成本很高。」郭晨瑩表示：「就連南瓜我們也選用品質較好

的栗子南瓜。」郭晨瑩曾經是大學商用英文的教師，婚後決定陪著丈夫一塊努力烘焙坊的生意。

夏季天氣十分炎熱，人們麵包需求大幅下降，邱弘裕不諱言麵包店的生意有好有壞，許多人勸他降低製作成本賺取更高利潤。但他擔憂降低成本的同時也可能降低了美味品質，而原麥森林的初衷是為了製作健康的美味麵包。對於品質，邱弘裕有自己的堅持。他說：「就跟跑步一樣，有質有量，質量並重才能進步。」

麵包製作與跑步一樣都須要費工夫，每天一早七點多進入烘焙坊就開始製作麵包，從麵粉品質、用油選擇以及烤箱溫度，所有的條件缺一不可。開店之後，人潮陸陸續續湧入，一直忙碌到下午，邱弘裕才能稍事休息。來店的人許多都是熟客，只要吃過一回兩回就會一試成主顧。原麥森林除了在羅東當地小有名氣外，亦有許多人是從台灣各地來到羅東旅遊、特地聞香而來。

● 被騙進去跑步的麵包師傅

當時還在酒店工作的邱弘裕，自覺身體很差而投

身於自行車運動。那時同在酒店服務的何本忠、陳維慶兩位朋友告訴他，多跑步對踩自行車很有幫助，在兩人的循循善誘下開始跑步，沒想到就一路跑了下去，身體也因此變得更好、更健康。他笑說，如果工作忙起來沒時間跑步，大概幾天後就會病懨懨地躺在床上很不舒服。

　　對邱弘裕來說，如果做麵包是一種走向專業的興趣，那麼跑步就是一項得以紓壓、自我挑戰的樂趣。他第一回參賽舒跑盃 21 公里路跑賽，跑完前面十公里後，後頭就只能跑跑走走、狼狽地完賽，也因此

決定專注練跑。每天五點起床，稍微準備後跑一個小時，盥洗完進入原麥店內長達十小時以上的工作，八點下班後再前往運動公園跑一小時才回家休息。周而復始的生活，只有禮拜一會去耕莘健康管理專校宜蘭校區為學生們上課才會調整休息。

進入賽事準備期時，邱弘裕算過，每周的跑量會上看一百多公里。「平常每天跑兩次，每天都會累積二十公里以上，如果再加上周末的長距離跑，」他說：「跑久了，身體會很習慣。反而是減量期要克制住想跑的衝動很難。」

邱弘裕的初次全程馬拉松獻給了宜蘭的冬山河馬拉松，他跑了四小時多。相隔四年後的 2018 年台北馬拉松，第二場馬拉松跑出 3 小時 22 分的成績。對此成績稍有憾色。「原本的目標是 3 小時 18 分左右。」他笑說：「開跑之後，肚子不舒服一直想上廁所，結果上廁所花了五分鐘之後，就再也跑不起來了。」因為上廁所這件事，賽後被宜運間歇團的夥伴們虧不停。後來宜運間歇團為了美津濃接力賽做訓練，邱弘裕笑說，大家都練得很勤，互相傷害也彼此鼓勵。有著共同的目標，生活變得很充實。

● 透過跑步更懂得珍惜烘焙

烘焙與跑步，都是邱弘裕引以為樂的生命項目。開業所投注的心力與時間非常巨大，壓力與辛勞是很難以想像的，生意不好的日子還一度跟老婆討論，給人家請就不用想東想西，領一份薪水穩穩地就好。

每周二與每周五，在宜運間歇團會有速度課表要跑，儘管辛苦與炸裂心肺，邱弘裕仍會勉力完成。「跑步跟開店都很辛苦，」邱弘裕說：「但其實哪個工作不辛苦，大家都有自己的工作跟生活要過。所以，我很珍惜能訓練的日子。」

辛勤訓練的背後，是相同於投注一生熱情從事烘焙業的使命感。那份熱情不只是青春期對麵包的熱愛與求一分溫飽的夢想，更重要的是，投注一生的職人精神，從烘焙中找到自我生命的定位與價值，並積極尋求成長且學習。在他的心中，這種情感是共同、相似的。

從細細雕琢中找到令人感動的力量，已小有成就的邱弘裕除了開店外，也積極地將這份精神與健康烘焙理念推廣眾人，並謀求自身成長、學習。對現在的他來說，做麵包不只是一份溫飽而已，而是透過麵包傳遞健康美味，以及看見消費者回饋的幸福感受。

如果跑步是內在的自我修練，那麼端出美味的麵包則是他展現武功、為人們盡一份心力的奉獻。

　　每一回的教學，他總是要求學生們珍惜每一道製作出來的麵包、點心，也許製作出來的成品有好有壞，如何一點一點地雕塑並改良自身的技術、增加自己的經驗就格外重要。邱弘裕談到，他從事烘焙業將近三十年，累積的經驗是無法取代，就像烙印在骨子裡一般。

　　「我教導學生時會要求他們『說菜』，」邱弘裕說：「讓他們解說自己的做法、選用了那些食材，為什麼這個產品會吸引人……。」就如同速度訓練前，維慶總會告訴他們這次訓練課表的意義與重點。說菜，就是透過製作者的口吻，去訴說、與消費者溝通這道美味佳餚的故事。越懂得自己做甚麼、用了哪些食材與烘焙方式，就會越珍惜自己手上所做的每一顆麵包。每一顆麵包，都代表烘焙師傅的一份心意與堅持。

　　從求一分溫飽到自己開業，從瘦弱之軀走上跑者之路。儘管一路走來坎坷，但仍然平平安安地結婚生子擁有一份小成就。被問到接下來的計畫時，邱弘裕笑了笑，年底會參加台北馬拉松，跟宜運間歇團的夥

伴們一塊出賽。

　　端出了店內的招牌夏威夷豆生乳捲，香濃且口感甚佳的生乳捲受到許多人的熱愛。秉持著職人精神的邱弘裕笑說：「對美味與健康的堅持，會持續是原麥森林的品牌精神。」

周訓練課表

★訓練方式：

　　擔任原麥森林經營者兼主廚的邱弘裕，除了工作時間很長之外，壓力也非常大。每天在繁忙的工作中，能抽出時間跑步紓壓是難得的幸福。除了上班前、下班後的一小時跑步外，周二、周五都會參與宜運間歇的跑步團練。

　　一開始僅有幾人，現在已有許多人一塊團練，團練的效果比自己練習來的更好，因為結伴跑中長距離時，大家可以邊跑邊聊天，很快地就可以跑完，自己一個人跑長距離時惰性會比較高，算是一種煎熬吧！如果你也喜歡跑步，弘裕建議可以找幾個夥伴一塊跑步。

★跑步小秘訣：

　　透過間歇訓練與長距離的訓練，弘裕更能認識自己的身體狀況，譬如如何避免運動過後帶來的傷痛，在受傷時該如何去做適當的治療，慢慢地養成了跑步習慣與輔助方法。在團體隊友們的鼓勵與良性激勵下，從一期十二周的訓練，由一周八十公里到最大值一百七十公里，再降到一百一十公里的耐力與強度訓練並重。

★跑者心法：

　　練跑最重要的就是練心，對他來說，在這麼長時間與高里程的練習下，心態的調整是很重要的。唯有抱持著「訓練是辛苦的，成果是甜美的」，才能從自我煎熬中解放出來。

三樓新時代女性

Kelly Wu
是跑步女強人

「跑步，是留給自己的空間。」

　　「我每天早上六點親自做早餐，」她告訴我:「因為那是我們家唯一能三人一起用餐的時光。」Kelly說話很快，每回遇見初次對話的人總會問:「我說話會很快嗎?需要的話我可以放慢。」聽過她說話的人

就知道，儘管語速很快，可嘴裡咀嚼吐露出的文字字正腔圓，彷彿在國語正音班磨練一遭。

2012 年開始跑步的 Kelly，曾經歷過馬拉松賽事高峰的熱潮，那個時期周周跑馬，各地賽事如雨後春筍。現在的她，不再東奔西跑，專注地為一場比賽做準備。身為三樓新時代女性的她，也學習著在工作、家庭與跑者身分之間取得平衡。

● 2012 年 9 月 16 日的 1.82 公里

為什麼能精準記著開始跑步的那一天？ Kelly 下載並開啟了 NIKE app，帶著它在新店一處砂土田徑場跑步。婚後的她，在孩子兩歲時驚覺身材走樣，決定找個簡單的方法瘦身，當時似乎最好的選擇就是跑步。為了不影響家庭生活，四點起床稍微整理後便一個人孤獨地開跑，那天她只跑了 100 公尺就得停下，連跑帶走才勉強地完成了 1.82 公里。

在此之前，Kelly 學生時期面臨體育課能躲就躲，出社會後能躲太陽就不曬，人生與運動這件事沒有交集。可 2012 年開始跑步之後，直率且硬實的個性就讓她一路跑到了現在。骨子裡有一種要求堅持的硬脾

氣，似乎對任何事情都是如此。

跑步與家庭生活兩者間如何取得平衡？，Kelly
的選擇是一大早起床練跑，無論晴雨冷熱的日子。
「一開始，天色很暗，遇到人會怕，」她說：「但跑
久了，會晨跑的人大概就那幾個，跑久了彼此認識，
偶爾還會詢問對方『昨天怎麼沒來？』」

獨跑了一年的日子，在每一個步伐與鼻息間感受
自己的存在感。儘管只有自己與自己對話，卻也讓她
愛上專屬一個人的時光。從 2012 年至今，跑步是她
無法放棄的活動，從原本的減重選項、健康規劃到一
種身心靈上的漱洗。彷若一針解毒劑，讓她得以從煩
擾的生活中，打從心底舒展開來。

跑了一年倍感孤寂，有一回在私訊收到同樣是跑
友的跑步邀約。躊躇幾天後踏出腳步，才終於加入了
LDS 超馬團，感受到團體的魅力四處征戰各地賽事。

● 看到別人才知道我不是瘋子

從獨自練跑到加入團隊，第一收穫的想法是「原
來我不是瘋子」。Kelly 開始每天跑步，身邊不跑步、
對運動無感的人都認為她發瘋了。她是在團體中才發

現人外有人，每個人的練跑速度與練跑距離更快更長。在 LDS 超馬團中，Kelly 尋獲安穩且快樂的歸屬感，她不再只是一個人，而是有一群志同道合的夥伴們一塊，有共同的目標與方向。長跑漫漫回到終點後，心底會知道有人在那兒等你。在日復一日的跑步中，她也從而找到自己的模樣。

執著跑步這事的堅持同樣映照在工作，Kelly 在職場上好比拼命三郎，為了使命必達不停地加班，耐得住上司磨，在職場上不服輸的性子一度把身子搞壞，甚至是發了高燒送進醫院，也因此暫停了跑步運動。「我開始思索這樣子到底對不對？」從小就被家庭教誨要為他人多著想，直到生病了倒在床上，她才知道人生不只是為了家庭、工作而活，更多的未來是該為自己而活。

Kelly 非常重視生涯規劃，也把自己的生活安在規劃裏頭。「別人是因為工作調整跑步，而我是因為想跑步所以調整工作。」Kelly 笑著說。在日商工作的她，不應酬不加班，就有更多時間陪家人。也就能更早休息，然後隔天早起練跑。傷了身體才知道健康的重要性，幾度轉換職場，只為了留給家人，以及留給自己能好好跑步的空間。

　　「跑步是留給自己的空間。」她說:「我上班是公司職員,下班後屬於家庭,只有跑步這件事是我自己的。」她說,每個女性都該有只屬於自己的時間,需要自己跟自己對話的空間。

● 「平安神宮正在等著妳唷!」

　　馬場征服不少,談到最珍貴的一場賽事莫過於是 2014 年的日本京都馬拉松,這也是她的初次馬拉松賽。

　　那一天很冷,日本圍觀群眾很熱情。出發前是帶著一些隱憂的:她的髂脛束摩擦症候群[1] 還沒全好。就診時,物理治療師建議她以完成半馬為目標,其他多跑的都是賺到。果然,才跑了 12 公里,ITBS 的問題很快就找上了她。除傷痛外,另一個問題就是撞牆期。

　　「因為一直在傷停,養傷反反覆覆,」Kelly 說:「所以沒有再跑超過 30K 的 LSD[2]。」果然,當她從第四個關門閘口起跑時,膝蓋痛到好像不是自己的腳了。她知道自己越跑越慢,腳步很沉重幾乎快要抬不起來。儘管沒有放棄的打算,但確實是灰心掉到了谷

底。

　　二十四公里處，Kelly 在心底盤算需要多久才能到達下一個關門點。此時，路旁的老婆婆對她喊道：「平安神宮が待っていますよ！」（平安神宮正在等著妳唷），這句話如天籟之音讓她清醒過來，想起昨天領取物資時自許的諾言。

　　「這句話支撐著我跑完剩下的半馬。」她說。

　　跨過終點之後，Kelly 原本以為會大哭一場，沒想到許多複雜的心思充塞心中：感動、開心、滿足以及成就感……。這些情緒驅散了一絲一毫想哭的情緒。因為眼淚已經在 30~40 公里趕關門時悄悄地流乾了。這是屬於她的第一次 42.195 公里的旅程。

　　「這次的體驗讓我得以窺見全馬的世界，那是個美麗的境界，只要你身心準備好；等著你的會是一段奇幻旅程。」她說：「若是沒有準備好，你就會跟我一樣有大半的時間，感受到的是無止盡的痛苦與自我懷疑。但這也是馬拉松的魅力吧。」

---

1. 髂脛束摩擦症候群：Iliotibial band syndrome，簡稱 ITBS，為運動員膝蓋疼痛的常見來源，大部份是過度使用所致。
2. Long Slow Distance，長距離慢跑。

● 每天都聚在一塊的早餐時光

直到現在，Kelly 仍然維持每天四點多起床，在太陽還沒展顏前練跑，六點前回到家中，為一家人親手做早餐。她笑著說，我很喜歡做料理，看著家人們吃完並稱讚早餐很好吃，我的心底有一種滿足感。

親自做早餐是 Kelly 對家庭生活的執著，儘管丈夫與兒子都勸她不要那麼辛苦。對健康的理念，加上早餐時光是三個人唯一能好好地坐下來聊天的時間。在這個雙薪家庭，職場應酬文化及節奏快速的時代，那怕只是停下來三十分鐘都非常珍貴。她很珍惜這短暫的時光。

那周末的長距離跑怎麼辦？每周末的長距離練習一跑總要兩個小時以上，即使是四點多開跑，到家也是七點。長距離練習後她累得無法再做早餐，所以每逢周末家人們會一塊外出吃早餐。對她來說，早起練跑跟親手製作早餐，除了是身為跑者的自持外，也是對家庭責任的自我承諾。

「我十年來都沒有睡飽過。」Kelly 曾對兒子開玩笑說。這是她屈就於生活環節，找到的生活平衡、一處折衷，直到現在仍是如此。因為生活而有所折衷，所以每一場比賽與每一次訓練都非常珍貴。

● 因為有愛的支持，我才能努力到這裡

Kelly 已經不像過往那麼頻繁參賽了，而是細心地準備、訓練，只求一場賽事的突破。所以現在的她，每周二晚上練間歇之外，其他時間都是一大早起床練跑。「我的家人多多少少會覺得我很辛苦，」Kelly 說：「但很感謝有他們的支持。」

為了支持妻子的夢想，丈夫攬下一切讓她能安心地訓練及外出參賽，甚至出錢讓她前往外國。Kelly已經不再是一個人跑步了，而是有著丈夫、兒子在後頭推著，以及 LDS 超馬團夥伴的鼓勵。一路走來，諸多堅持，她從來不認為自己是女強人，而是同其他人一般，努力讓自己活在當下，不留悔恨。

★訓練方式：

　　作為一位職業婦女的素人跑者，能夠利用的練跑時間大多集中於清晨時段。空氣相對最好且最不受人打擾的時間裡，整個城市還在沉睡中悄然的寧靜。除了自己規律的腳步聲之外，就只能聽見吞吐之間的呼吸聲。晨跑時刻腦中有時是全然的空白，單純沉浸在每一個簡單沒有變化的步伐當中；有時候則是天馬行空思索著生活瑣事、工作煩惱。清晨時分獨跑的次數多了起來，不知不覺中與自己對話

的時間也跟著增加。因此，總是特別珍惜這得來不易，專屬於自己的自由時間。

　　跑齡至今約 7 年的時間，2017 年開始接觸到 Hansons's Marathon Method（漢森馬拉松訓練法）。其後針對目標賽事的課表安排大致上都是依據漢森課表的基本架構來做調整。

　　周間課表大致如下：一周三次的強度訓練，其餘則是以輕鬆跑來恢復體力。

	周一	周二	周三	周四	周五	周六	周日
課表	Easy	Interval	Off Day	Tempo	Easy	Easy	Long

★跑步小秘訣

　　小步伐高步頻，對長距離跑步來說是種相對省力，又不會一下子就感到疲累的方式。Kelly 說沒有特別訓練過，跑著跑著自然而然就習慣這樣的跑

法了。

★跑者座右銘：

　　你必須很努力，才能看起來毫不費力。亮眼的成績歸功於規律而長期的訓練，期間需要相當的自律與毅力之外就是日積月累的努力。踏過終點線的那一刻，所有流過的汗水與努力過的痕跡都不會背叛自己，進而化做豐碩的成果。

★跑步心法：

　　喜歡路跑到愛上路跑的過程，是難以言喻的化學作用。

　　慢慢地從短距離開始跑起，速度不快也沒有關係；隨著時間再一點一滴拉長距離或是加快速度。不勉強自己，別讓跑步成為心理的負擔。跑步本身就是身心整合的過程，享受汗水淋漓之後，腦內啡所帶來的跑者愉悅。

奔馳遠眺夢想的路上

天生好手
徐君宇

「幫助他人實現夢想，也是一種自我
實現。」

　　2018 年 NIKE 所籌辦的 Fast42 跑步訓練營中，
有一位跑者很顯眼，個子瘦高的徐君宇不多話，與人
接觸時如紳士般和善有禮，跑課表時帶著一些強悍。
隨著一同跑步的時間越長，他成為團體中深受歡迎的

年輕人。年紀將要步入三十歲的君宇，已累積多場馬拉松參賽經驗。讓人難以想像，他也是其他運動項目的翹楚。

● 天生就是運動高材生

徐君宇踏入運動的年齡不算晚，在家人的支持下，國小的年齡就加入游泳隊成為選手，假使這樣的路持續走下去，可能會成為游泳好手。在國小畢業前夕，有位教練來到學校挑選人才，鼓勵他嘗試在台灣較為特別的「現代五項」運動。現代五項包含：游泳 200 公尺、擊劍、馬術（障礙賽）、跑步射擊（總里程 3200 公尺，起跑後先進射擊區射擊，再跑 800 公尺，連續四次，而結合射擊與跑步改成跑步射擊是為增加比賽可看性。）

「多參與不同的運動，培養不同的興趣，抱有熱情就能堅持下去。」徐君宇說。

畢業後前往高雄就讀國中，徐君宇開始針對「現代五項」進行訓練，短短兩年內就練出好成績，因為現代五項中包含了極為關鍵的跑步項目，所以他在此開啟了跑步訓練。國三後他轉學前往花蓮，接觸並

學習正規的田徑訓練，從 800 公尺、1500 公尺項目，5000 公尺以及 10000 公尺訓練，持續到高中畢業。

● 因為太愛跑步而被禁賽

透過現代五項的洗鍊而格外喜歡擊劍運動，所以徐君宇持續並積極地訓練擊劍項目。他明白如果只有擊劍訓練是不夠的，過去幾年耕耘的田徑訓練也不願放掉。所以在白天的擊劍訓練後，晚上還會自主地進行跑步訓練。大學二年級時甚至參與台中知名跑團「台灣大腳丫長跑協會」的訓練，也在此認識越野跑高手江晏慶。

在 18 歲時，徐君宇挑戰了人生第一場馬拉松，在三重全國馬拉松賽跑出 2 小時 55 分的成績。跑步的樂趣無法言喻，所以他大量地參加路跑賽事，忘情於跑步運動上。後來甚至參加了第二屆台灣祈福 100 公里超級馬拉松賽，以及開廣飛跑盃 50 公里等超馬賽，可以想像熱愛跑步的程度。但此舉觸怒了當時的教練，最後禁止他參加擊劍資格賽。

自國三轉練田徑之後，一直到台灣體育運動大學四年級生的十年間，徐君宇只持續著田徑跑步以及擊

劍的訓練，幾乎不參與現代五項活動與比賽。反而是常常參加路跑賽事、馬拉松賽事，累積了不少里程數。但現代五項的實力，卻未曾隨時間而淡去。

自台體大畢業之後，考上屏東大學體育研究所，在當地政府的支持下，徐君宇代表屏東縣出賽 104 年全國運動會現代五項競賽項目，並奪下個人賽金牌、團體賽銀牌優異成績。隔兩年後的 106 年全運會，在個人賽以及團體賽雙雙奪金。甚至曾經前往海外參加現代五項的奧運資格賽。當時現代五項協會培育的選手中，許多新一代選手對這位學長十分訝異。

「協會安排團體訓練及活動都沒看過他，但為什麼只要他出賽都能奪下佳績？」

● 不要只看眼前，要放遠看未來

徐君宇的運動之路並不是全然順遂，大三那年他連馬過度導致腳後跟受傷，苦撐了好一陣子才不得不去就醫。結果就醫後才知道是嚴重到必須開刀的骨膜增生，歷經開刀之後，他從杵著拐杖、在田徑場走路復健，一直到終於能輕慢的小跑步，這段歷程熬了四個多月。但即使是這種狀況，他仍然不忘擊劍的訓

練，如果腳不能踩（擊劍的步法很重要），那麼就只能多訓練上肢擊劍技術。

傷勢復原後，徐君宇參賽了第一屆的宜蘭國道馬拉松賽，當時與跑馬硬漢吳永發（發哥）相識，發哥告訴他：「不要只看眼前，要放遠看未來。」這番話提醒了他，要他以更長遠的目光去思索自己的人生，而不是被當下的現況所拘泥。那一年的宜蘭國道馬拉松他跑出了超越自身極限的表現，但卻沒有得到更好的成績，相反的，因為過度換氣，最後在工作人員要求下搭上救護車前往醫院。之後君宇提醒自己，絕對不能再發生這樣的情況。

● 陷入巨大的跑者黑洞

持續跑步的日子，徐君宇的成績逐漸上升。2014年在台北馬拉松跑出 2 小時 41 分的佳績，隔年交換到日本參加靜岡馬拉松，以 2 小時 39 分 31 秒創下個人最佳紀錄。那些年似乎是全盛時期，只要參加比賽都能跑出好成績，每個月都參賽或是周周參賽，完全沒有想到隨即而來的跑者黑洞即將吞沒他。

自 106 年（2017 年）全運會結束，並以 2 小時

47 分 40 秒完成年底的台北馬拉松後，因為多年訓練以及頻繁參賽而陷入嚴重的低潮期。長達半年的時間都呈現不想跑步、愛跑不跑的心理狀態。偶爾想起跑步，竟然會滋生出厭惡的心情。

「即使醒了過來，」徐君宇說：「但身體跟心裡都說不想跑步。」

當時的身心狀態只能維持健康的跑步，完全無法吃課表進入訓練狀態。雖然偶爾會參加馬拉松賽，卻完全無法與過去水準相比。灰心的程度讓他只能騙自己：「可能再一陣子就好了。」

● 靠 Fast42 從「心」開始

沒想到失去跑步動力竟然長達好幾個月！還好幸運如他總會有轉機，徐君宇的女友楊定瑾帶著他參與了視障領跑活動，讓他看到不同的風景。以往都跑在最前方的他，只看到成績與速度。擔任陪跑員之後，陪著視障跑者訓練、參賽，感受到除了自己全力參賽之外，也有另一份能夠幫助他人的能力。

「幫助他人實現夢想，也是一種自我實現。」他說。

　　儘管如此，低潮還是需要慢慢地加溫。此時楊定瑾正好投身於第一屆 Fast42[1] 訓練活動，眼看陷入低潮的君宇失去競賽的熱情，楊定瑾鼓勵他加入隔年的 Fast42 訓練團隊。

　　過去大部分時間都是自己訓練，默默吞下訓練課表的君宇，對建議參加 Fast42 這件事非常排斥。他過去有很好的馬拉松成績，而且多次登台領獎，心底會懷疑參加 Fast42 到底能給予甚麼幫助呢？

　　如此抗拒的心情直到 2017 年 9 月，國家地理頻道 National Geographic 上架了 Breaking2 紀錄片特輯，他看見 Eliud Kipchoge 所說的一段話而受到激勵，決定報名 Fast42 加入訓練。

　　「感謝所有協助我挑戰極限的團隊。100% 的孤軍奮戰也比不上 1% 的團結一心。這正是團隊的力量。」Eliud Kipchoge 在紀錄片裡說。

　　「能跟大家一起跑步，真的要感謝很多人。」君宇回憶道。

　　甄選上了 2018 年 Fast42 之後，原本已投身烘焙業、在森徑三十七擔任烘焙師的君宇，其師傅給予他最大的支持，盡可能把工作攬在自己身上，讓他能專心地去參加訓練。

　　自 Fast42 的訓練開始之後，團員們從陌生、疏離的關係，到彼此熱絡，君宇從團隊中找回以前對跑步的熱情。他不再只是一個人孤獨地在田徑場上練習，而是隨時有夥伴們為他加油、鼓勵。

　　「雖然每個跑者的配速不一樣，」徐君宇說：「但看著大家都在場上堅持完成訓練，就覺得無論如何自己也要堅持到底。」他會帶上自己烘焙的麵包給團員們在訓練後果腹，也與團員們熱絡地對談與說笑。原本陷入低潮的他似乎一點一點地爬出這個坑洞，慢慢從谷底看見遠方的光明。失而復得的事物是非常值得珍惜的，無論是心愛的對象，或者是對跑步的熱情。

　　Fast42 的總教練吳文騫，也與過往的田徑教練截然不同，徐君宇回憶起，過去的教練較為專制，所以無論是跑課表或是訓練都非常有壓力。吳文騫的作法是循循善誘，再試試看、再挑戰看看，除了讓君宇不再有壓力外，也呼喚起他挑戰秒數的鬥志。

---

1. 由 Nike 發起的疾速訓練營。

● 意義重大的 2 小時 43 分 56 秒

2018 年台北馬拉松，徐君宇最後跑出 2 小時 43 分 56 秒的成績，雖然沒有突破個人的最佳成績，但心底其實非常地高興。君宇說道：「低潮期的那些日子，我懷疑自己甚至連三小時都跑不進去。」賽後他與教練們擁抱，與其他選手說笑勉勵。最終，儘管中途有挫折也有低潮，但他仍然走在遠眺夢想的路上。

台北馬之後，徐君宇依舊保持了持續訓練的熱情，也依舊努力地在跑步、擊劍上努力。回憶起過往這些運動的時光，不諱言想要挑戰國際舞台的夢想。他連霸兩屆的全運會現代五項競賽，也是台灣擊劍數一數二的菁英，如果努力練下去，或許哪一天會跑更快，跑得更遠呢。

周訓練課表

★訓練方式：

　　徐君宇的周訓練課表中會安排三天主要課表，另外三天是輕鬆恢復跑或者有氧跑。主要三天的主課表會安排在星期二、四、六執行，星期二是 TEMPO RUN 12-16k、星期四是 SPEED RUN 刺激一下心肺、周六則是 LONG RUN 跑一個較長距離，周日就是全休的狀態讓身體好好休息。有效率的練習搭配適當的恢復、輕鬆跑才能長期遞增訓練效果。

★跑步小秘訣：

　　很早就踏入運動圈的君宇，看過許多不同、各式各樣的運動員。他認為運動世界裡沒有天才選手，只有肯付出努力的選手才能成為真正的運動員。再有天份的選手若沒有良好的培訓與努力，終究只是落於平庸。

★跑者座右銘：

　　「堅持到底，永不放棄。」徐君宇非常重視每一場馬拉松比賽。對他而言，跑馬拉松不僅是比成績、比秒數，更重要的是在一場馬拉松賽這麼長的距離裡，遇上任何困難、瓶頸時你能堅持下去，最終目的就是跑過終點線。

　　「很多時候自己爆的不像話，已經跑不下去變成步兵在走，或者嚴重到低血糖跑到邊跑邊睡，我都堅持不半路放棄，一定要回到終點，這才是馬拉

松真正的意義所在。」

★跑者心法：

　　不求快、先求穩，再一步一步慢慢變強。跑步能讓你是開心快樂，事情才是真實的。

懷抱對人們的熱忱

林采穎
的跑步第二人生

「運動的本質，就是一種快樂。」

　　「我很喜歡接觸人，跟人說話。所以能在工作崗位上服務他人，對我不只是一份工作而已。」她說。外型俏麗的林采穎言談中透露出感性，說話時會毫不掩飾地放聲大笑，每一回的笑容上雙眼總能笑出彎

月。從她臉書的照片可以得知采穎熱愛運動，同時是NIKE Pacer，再者就是她服務於中華航空公司地勤，每天台北桃園兩地來回。

● 跑步是重新撿回來的第二人生

國小時在班上的運動表現格外出眾，在學校運動大會的接力賽，采穎總受老師器重而安排在第一棒或最後一棒。「我國小班導師本身也是愛好跑步運動，退休後還會擔任賽事志工。非常支持我運動。」林采穎說道：「我們到現在都保持著連絡。」當時的班導師許興政，直到采穎成為 NIKE Pacer 擔任配速員時，兩人還會在賽場上彼此慰問打招呼。

國小畢業之後，國中高中幾乎都把時間用在課業上頭，那時候還是大專聯考的時代，校內只重視聯考分數與課業成績，其他的美術、家政、體育課都被徵召用來補課與寫考題。國小時期的跑步樂趣如同煙火般只有瞬間的璀璨。

直到出了社會進入華航工作之後，采穎才又開始跑步。「嗯，我會開始跑步是因為覺得自己變胖了。」林采穎笑說：「我們華航制服都很合身，有一天突然

覺得制服很緊繃，我就知道該運動了。」重拾回跑步之後，似乎就找回運動的樂趣。不只參加了太魯閣馬拉松、日本大阪馬拉松等，而且除跑步之外，也安排了一些重量訓練以及學習 ZUMBA 舞。

「我媽有一次告訴我，國小老師曾經來電鼓勵讓我參加田徑隊訓練。」她說：「但因為我家裡認為好好讀書就好了，所以就婉拒了老師的建議。這件事好多年之後，我媽才告訴我。」如果當時參加了田徑隊的訓練，是否現在會有不同的人生呢？采穎笑了笑。歷史是無法再回頭的，她很高興跑步又再度成為終身摯友。

從國小到成年之後，相隔多年，對跑步的熱愛已深深烙印骨子裡。

● 為他人圓夢更甚於自我的超越

前幾年的太魯閣馬拉松，林采穎幸運跑出總排第六的成績，為她少數幾次馬拉松賽事帶來甜美的回憶。2016 年她加入了由李元凱、江晏慶帶領的「跑山卡好」參加美津濃接力賽，感受那種奮力一搏的競賽，也對跑步有了不同面貌的認識。

再不久之後，她申請並成為 NIKE Pacer 的一員。「Pacer 會經過很多訓練與指導，」她說：「但每個人都有自己的生活，所以自主訓練很重要。」采穎說道，她自己幫忙帶配速團都是擔任半程馬拉松 2 小時 15 分 -2 小時 30 分左右的區間。她很喜歡擔任配速員，帶著跑者們圓夢。每回參賽跨過終點，回頭看著氣喘吁吁的跑者，他們所給予采穎的回饋，即使只是一個狼狽的笑容，都能讓采穎獲得滿足感。

或許對許多人來說，跑步並不是一件鮮明且愉快的活動，但參賽的每個人都是抱持著強烈的動機與熱情踏上起跑點。能用自己的腳步與配速，與後頭跟著配速員的跑者一塊挑戰，林采穎很敬佩自我挑戰的跑者，也對他們的熱情感到敬意。采穎笑說，如果可以，她會盡量安排時間參加配速員賽事，這幾年自己參賽少了，反而都是留給配速員的場次。施比受有福，能幫助別人圓夢，遠比自己參賽有更多的感動。從身為 NIKE Pacer 至今好幾年了，她依然對擔任配速員抱有熱忱。

● 彷彿來自北歐的地勤生活

自 2006 年至今，在華航服務已經超過十年了。地勤的工作是排班制，生活偶爾會順應台灣的作息，但偶爾，她彷彿是來自北歐。

　　「如果一般人上班時間是早上九點，」采穎説
道：「我大概是凌晨三點多起床，五點就位上班。
偶爾輪值大夜班。」每逢假日早上的長距離跑 Long
Run 活動，采穎都只能抱撼，無法參加。因為地勤服
務是沒有所謂的周六日，她只能順應班表規劃出可以
參與團體運動、活動的時間。所以她每一回排班都盡
可能搭得上 NRC 的活動，或者是有配速員需求的時
間。「其實我也很想跟大家一塊 Long Run，很羨慕。」
采穎對此抱有小小的遺憾：「但大家早上在跑步的時
候，我已經在工作崗位上服務旅客了。」

　　擔任地勤服務，采穎自承與擔任 NIKE Pacer 有
另一層相似感受。「我是很雞婆的人，」采穎笑道：
「我樂於服務，所以面對旅客的任何問題我都會盡力
去幫忙。看著他們能順利解決問題，搭上飛機安心地
前往外地。我很有成就感。」多年來日夜顛倒排班的
生活，讓她的眼眶下出現微微睡眠不足的跡象，但
采穎打從心底喜歡地勤服務，也樂於接受這份工作所
帶來的挑戰。如果你不能在工作崗位上得到成就感，
那麼你很容易就放棄這份工作。懷抱著服務他人的熱
誠，對挑戰性工作所帶來的滿足感，十多年來始終如
一，對她而言會是一輩子的事。

● 透過跑步影響身邊每個人

采穎說道，一開始母親是不支持她跑步的，但這幾年下來，也沒有甚麼支持不支持，只是希望她跑少一點。這幾年跑步下來，似乎影響了身邊好友以及家人。這些年，有些資深學姊在下班後會主動到校園走路運動，同事也會詢問她有關跑步的問題，更有同事會相約她一塊參賽。而采穎的母親會在飯後獨自去外頭運動、走走路，那是屬於母親的個人時光。此外，采穎的妹妹所生下的孩子們，兩個姪子姪女開始會跟著阿姨一塊去跑步。甚至以不到國中的年齡就完成了十公里的路跑賽事。

「我跟我妹都嚇到。沒想到我姪子真的能跑完十公里。」采穎說道：「現在姪子都會問甚麼時候還有比賽？我妹妹也覺得，兒子能跟阿姨去跑步運動真的很好。」不禁讓她想起，以前國小熱愛運動這件事的血脈，是否孩子們身上也流有同樣的血液。健康是最無價的一件事，能讓姪子姪女從小就養成熱愛運動的好習慣，那麼就能確保她們能健康、活力十足的長大。

如果要說起運動是怎麼一回事，林采穎說本質就是一種快樂。每周她會安排重量訓練、幾天的跑

步運動以及 ZUMBA 舞學習。如果每天不抽一點時間
運動，會有一種彷彿漏了甚麼事的感覺。對她而言，
運動或許已經一生不可或缺，並從中找到幸福感受。

　　談起全程馬拉松，采穎說道，全馬真的不是兩個
半馬而已。在自己尚且不足的訓練時間下很難安排規
律且嚴謹的訓練。所以還是把重心擺在半程馬拉松，
陪著新手跑者完成每一場賽事。如果看見采穎的雙
眼，那雙有靈性的眼睛總是在談起跑步時格外炯炯有
神。

周訓練課表

★訓練方式：

　　身為有職業、忙碌於工作與生活的跑者采穎，其實並不會刻意安排周課表，夏天就是努力增強肌力，一周可以大概排個 2-3 次重訓，強化肌力並減少受傷；冬季，喜歡與朋友多在田徑場、河濱跑步，如果有休假日，就盡可能安排長距離跑步。許多跑者只注重在累積跑量上，但其實肌肉的質量也相當重要。擁有良好的肌肉品質，就像擁有堅固外殼的跑者，能跑得更穩、跑得更長。

　　對她來說，目標賽事是當 PACER 帶領跑者們的賽事，所以會在賽前增加一些跑量，好讓自己能順利地帶領跑者們在目標時間內完賽。

★跑步小秘訣：

　　在跑步時喜歡聆聽輕快的音樂，沉浸在自己的世界覺得很紓壓。此外，休假日時與朋友邊跑邊聊天，跑完聊聊近況吃吃美食，這樣就會得到滿足感。在跑步時，不去設定距離，就好像養成習慣般；流汗過後，就會像魔法般感受身、心靈舒暢。

★跑者座右銘：

　　「練習成就完美」。透過一次一次地練習與自我挑戰，才能逐漸地把自己的能量累積起來。想要成為跑者，就是不要放棄掉訓練、強化自身的機會。

馬拉松物理
治療師林世奇

「透過跑步，才能用另一種角度看見
運動員的辛苦與歷程。」

談起跑步這件事，林世奇臉上出現光彩。父親也
同樣是跑者，他個人熱愛跑步，甚至跟著張嘉哲前往
海外受訓。跑步在他的生活中有不同的模樣與表現，
甚至是個人的行程安排也要以訓練時間為優先。

　　國小加入少棒隊，中學後則是開始打籃球，大學時期因為跑步而被足球隊延攬。他自承一直找不到適合自己的項目。即使在許多球賽，擔任候補也輪不到出場，因為他大都坐滿全場，把板凳坐好坐滿，被訓練成一個稱職的啦啦隊長。唯一吸引教練注意的，就是林世奇能老老實實地在田徑場一圈又一圈慢跑。扎實的有氧底，加上啦啦隊長的大嗓門，自信能釋放滿滿的能量，為支持的隊伍、選手加油打氣。

　　如果說起近期最受歡迎的物理治療師，那麼就非 Marathon PT 馬拉松治療師林世奇不可，出身陽明大學物理治療系的他，沒有走上傳統的物理治療師執業，反而憑藉著一己之力，跨入與開拓運動員照護、物理治療的市場，就此與運動接軌，為運動員帶來不同的格局與改變，就像是日本首席體能訓練師中野．詹姆士．修一的角色。

● 不延續傳統格局 要走自己的路

　　「以身為物理治療師為榮，」他說：「但物理治療師可以做的比現況幫助更多人。」

　　物理治療師多半會走上診所、醫院、輔具中心、安養中心等等，在骨科、復健科……等大展拳腳，但幾年來市場需求幾近飽和，受制於醫療體系規模以及民國 84 年制訂的物理治療師法，物理治療師在台灣的施展空間相當限縮。這也是林世奇感受到的現實瓶頸，於是他從事物理治療師工作幾年後，思索找出不同的道路，除了希望可以一展長才之外，也能為後來的物理治療師另闢蹊徑。

　　物理治療師是人體動作的專家，林世奇透過所學的知識與臨床經驗，不只應用於傷害的預防與保健，也希望能結合運動員，幫助他們有更出色的表現。大學時期接觸馬拉松的他，成為台灣長跑選手鍵盤粉絲，甚至希望能夠幫助張嘉哲跟北市大中長跑隊。後來透過另一位跑者兼教練的梁哲睿接觸了北市大中長跑隊，提供他們傷痛諮詢、伸展建議或偶爾的徒手介入，自己也跳下場與他們一塊練習；後來受張嘉哲邀請前往海外參加訓練，這對林世奇來說是難得的好經驗，除了親自參與訓練外，也能將自身所學施展在運動員身上、幫助運動員有更好的表現。截至今日，世奇很感謝張嘉哲一直挺他、給予支持。

● 總是樂於探索的靈魂

大學時期接觸跑步的他，彷彿骨子裡就充滿好動的基因。騎自行車環島、在歐洲旅遊沙發衝浪，以及到世界各地旅行，也曾經在芬蘭進行三個月實習生活。「旅行很有趣，」他說：「親眼去看看別國的文化與歷史。」海外旅行與在芬蘭實習的經驗，養成他英文語言的能力。

好動的個性，接觸馬拉松這件事讓人一點也不意外，先前在台北馬拉松跑出 3 小時 9 分 57 秒成績的林世奇，自大學時期就開始跑步，近兩年則是跟著北市大中長跑隊一塊訓練，從素人之姿有更好的進步與成績。「我的目標是跑贏陳雅芬，」他笑說。

對林世奇來說，跑步帶給他的改變，遠比想像中得更多。也是透過跑步，才能用另一種角度看見運動員的辛苦與歷程。由此也才許諾要把更多心力放在運動員身上。

● 從物理治療整合運動優化

記得甫從陽明物理治療所離開的日子，林世奇當時思索著未來要怎麼發展，沒想到才過一年多光景，

他現在接案與合作諮詢逐漸正成長，所幸仍能維持著跑步訓練的時間。現況的他除了擔任嘉哲與北市大中長跑隊的物理治療師之外，也與跑者肌地合作「跑者基礎動作啟動」的課程。

「不同部位的發力很重要，」林世奇表示。動作啟動不是傳統的肌力訓練，而是有效幫助跑者從髖部、核心肌群等產生整體平移的跑步動力。他提到許多跑者在剛開始跑的里程以及半馬過後，跑者的步幅、步頻都沒有縮短或降低，但差異之處是在相當細微的觸地停滯時間。

「這是運用客觀工具分析得到的觀察。」他表示：「未來我想用錄影影像、慢速影像去擷取跑步中的動態姿勢。」過去的林世奇，潛意識把物理治療定位在傷害預防及傷痛復健上頭，但透過與長跑選手、跑者肌地的合作，他想像物理治療的可能性更廣，不只是純粹受限在醫囑上，而是能有效地幫助膝蓋損傷的老人家增強肌力，能有效地幫助長跑選手優化本身的體能條件。

　　談到未來，林世奇表示自己仍有許多想學習、參與的知識，也希望能從北市大長跑隊開始，逐一幫助各地的跑者。對他而言，這是源自對跑步的熱情，也是當年投身物理治療的初衷。

周訓練課表

　　平常因為工作與學習課程，訓練時間有限，我改掉以前早起鍛鍊，把訓練盡可能安插在可接受的工作之間。看到身體進步時，常伴隨是訓練量上拉的周期，必要小心過勞，所以充足的休息是我認為維持高強度的前提。

★訓練方式：

　　每周周一與周四會前往天母古道隨興跑（狀態好跑快，覺得累當恢復跑），利用古道的小石子路誘發身體小肌群的反應與平衡機制，目標跑一個小時達到減脂效果。每周二、周五則隨嘉哲的課表，跟另一位跑者陳雅芬跑間歇。周日兩小時左右長距離，曾覺得跟上陳雅芬是我的任務，但面對周末較忙的行程，我更傾向於跑自己喜歡的速度，雖然訓練效果可能打折，但與其逼迫自己導致過度疲勞或提高受傷的風險，我發現這是目前維持訓練適合自己的節奏。肌力訓練則安排在較悠閒的周三或補充在較充裕的訓練之後。控制類的鍛鍊如臀肌協調、平衡與穩定力；或是針對肌力刺激下肢力量，是兩種我強調的重量訓練課表。

★跑步小秘訣：

　　身為馬拉松治療師，物理治療的背景與知識給我很多自我覺察的機會，面對訓練出現的痠痛，我能夠先區分是關節還是肌肉緊繃，針對可能的問題用滾筒或按摩球先行放鬆。這也是我致力用講座、拍影片，幫助跑者認識自己的肌肉，知道怎麼自行保養身體。

　　如同車子要定期換機油與清潔保養，跑者為了變強，規律放鬆、保持肌肉彈性是很重要的。身體經由訓練刺激變得精實，具備正確的知識熱身、收操以及恢復到位，是幫助跑友事半功倍的不二法門。

★跑者座右銘與心法：

再推張嘉哲那句：「先求帥，再求快。」喜歡自己跑者的身份、跑步的樣子。因為享受每個跑步的當下，自然越做越好，因為喜歡這項運動，讓自己的每個細胞都開心，我覺得也是身體有效成長、不半途而廢的關鍵。

大器晚成的馬拉松寶貝

挑戰奧運的
曹純玉

「不要害怕跟男生比。」

　　在 2019 年東京馬拉松跑出 2 小時 36 分 14 秒，突破停滯長達十五年馬拉松全國紀錄的曹純玉，在高個子的陳囿任身邊顯得非常嬌小。但嬌小的身軀內，其實暗藏著一個十足堅毅的靈魂，偶爾，這個靈魂顯

得非常躁動，直到現在，她仍一直想著：挑戰。

● 從小就是個喜愛跑步的孩子

從小就不喜歡坐在教室的曹純玉，國小四年級就踏入了田徑隊開啟跑步之路。國小時的訓練目標是 200 公尺競賽，對於投入跑步這件事，只是單純不喜歡枯坐在教室內，喜歡跑步帶來的樂趣，而且教練會刻意去買飲料犒賞小選手們，讓她印象非常深刻。曹純玉不諱言，當時好勝心非常強，所以會努力完成每一次的訓練。

國小畢業之後，田徑隊的訓練就暫時告一段落，升上國中的曹純玉埋首讀書，希望可以好好讀書考進好學校。但現實逼人，她知道自己單憑課業成績是無法申請內湖高中，所以她在國二時重新開始田徑訓練，不同於國小的 200 公尺專項，國中的她以 800 公尺以及 1500 公尺為主要項目，想著是否可以用體保的方式申請進入內湖高中。當然，終於很幸運地能在她喜歡的高中就讀，而田徑訓練的習慣也帶到了高中。

持續訓練到高中的曹純玉，在教練吳政育的指導

下開始為 5000 公尺與 10000 公尺訓練，她表示自己的成績一直沒有甚麼突破，即使參賽也只拿到後面的名次。儘管如此，她仍然很喜歡跑步這件事。於是在高三的時候嘗試去報考獨招的國體大、台體大的考試，但因為沒有顯赫的競賽成績，所以都無緣在這兩間學校就讀。

「沒機會進國體大，連台體大都只是備取。」曹純玉說：「很幸運地能就讀文化大學，因為文化大學練體育的女生比較少，我比較有機會代表學校出賽。」

沒能進入兩間體育強校的她，像是要排解被拒絕的怒氣一般，竟然在高三的台東全中運的 10000 公尺項目奪下第二名、5000 公尺項目奪下第三名。如果當時在高二就跑出這個成績，或許就有機會進入兩間體育強校了？曹純玉只是笑了笑。人生起起伏伏，她並不是一出手就看得見成就的人，相反的，她總是曖曖內含光，過冬蟄伏才能看見光芒。

● 受挫折其實是一種考驗

高三升大學的她首度挑戰了馬拉松，她在 2010 年的金門馬拉松以 19 歲的年齡跑出 3 小時 24 分 21 秒的成績。就讀文化大學之後，一來文化大學沒有田徑場，校區的路線都是高低不平的丘陵地，所以她只能在學校內一個室內不足 200 公尺的田徑場訓練。但還好文化大學的鄭守吉教練非常幫助她，雖然鄭教練本身是擲部專長，卻仍然極盡全力協助曹純玉跑得更好。金門馬拉松之後，她也突破自己 10000 公尺的紀錄。

大學二年級時，文化大學來了一個來台攻讀的美國黑人老師羅伯特（Robert），羅伯特在美國是田徑專長，於是他就成為文大的田徑教練。曹純玉坦言羅伯特的訓練讓她非常痛苦，羅伯特儘管寄予厚望，但他開出來的課表，曹純玉總是達不到。羅伯特認為曹純玉應該把 5000、10000 公尺練好，所以禁止她參加馬拉松賽。對樂於挑戰的曹純玉而言，一直無法在訓練中達到教練要求的秒數很受挫折。雖然跑不到教練的要求，但曹純玉總是悶著頭持續挑戰。她認為自己的個性就是很沉穩，對於挑戰不會畏懼，而是默默地接受、並嘗試跨越。外表上看起來平淡的她，其

實心底非常地好強。也是如此，進步總是無聲無息，
她在大三時的 5000 公尺競賽有明顯的進步。

● 那妳是在跑身體健康的哦？

大四那一年，當時就讀文大研究所的李銘勝，牽
線讓曹純玉踏入和諧長跑俱樂部，於是她開始參加和
諧長跑俱樂部的訓練。當時的她住在文化大學宿舍，
離和諧長跑訓練基地有些距離，而在那兒認識的「最
速古人」──陳圍任，就肩負起溫馨接送之責。經過
相處後，2014 年的二月份，兩個人決定要展開他們
的人生長跑。

回憶過往，曹純玉說以前的同學會稱呼她是國
手，但是當時曹純玉的成績並不算好，所以朋友就會
開玩笑說：「那妳是在跑身體健康的哦？」或是建議
她設立一個停損點，才不會一直陷在跑步裡頭。

從文化大學畢業後，曹純玉考上國立台北教育大
學體育系研究所，她一度想著是不是要放棄跑步這件
事。一來因為自己跑不出甚麼成績，二來從現實生活
考量也似乎該選擇走入職場。

曹純玉表示當時她聽到這些話蠻難過的，也才

會讓她動搖到底該不該繼續練跑下去的念頭。但不希望自己以後老了會後悔一輩子，就想再嘗試挑戰。懷抱著這樣躁動、不安的心，她與男友圍任前往中國參加了廈門馬拉松。

「去跑過廈門馬的人都說路很平、很好跑，」曹純玉笑說：「結果我們去跑的那一年廈門馬改路線，還有爬坡，非常難跑。」但她仍然跑了一個 3 小時 03 分的成績。之後又在碩二的台東大專盃 1500 公尺項目跑出銅牌，5000 公尺項目跑出銀牌的成績。

「台東是我的幸運地，」曹純玉說道：「高中時全中運在台東跑出好成績，研究所時的大專盃也在台東跑出好成績。」一路接連下來的成績，以及男友的鼓勵與支持，讓曹純玉決定要投身跑步的職場，不再抱持任何懷疑。

● 挑戰世大運 成就榮耀

2015 年曹純玉前往苗栗南庄，參加田協認證的南庄半程馬拉松賽，當時南庄半程馬拉松有個獎勵：以大專學生身分奪得優勝的選手，可以獲得前往香川丸龜半程馬拉松的門票，也有機票補助。那時已經是

研究所學生的她，在這場比賽中跑出 1 小時 23 分 51
秒的成績。這個成績大破她之前所跑出 86 分的半程
馬拉松成績。

比賽結束後，主辦單位找到她，曹純玉才知道研
究所的學生也同樣能獲得門票與機票贊助，於是她毅
然決然地前往參賽香川丸龜半程馬拉松。

「我想爭取成為世大運的選手，能代表台灣出賽
很光榮。」曹純玉表示。

2016 年二月她在香川丸龜半程馬拉松跑出 1 小
時 18 分 38 秒的成績，再次將自己的半程馬拉松紀錄
從 83 分推進到 78 分 38 秒，這一次的大躍進是她始
料未及的。當時參加世大運的標準是 78 分 08 秒。陳
囿任鼓勵她：「只差 30 秒，你辦得到。」同年的 11
月她前往日本挑戰上尾半程馬拉松，再次將記錄從
78 分推進到 77 分 23 秒。好成績不會只有一次，2017
年二月的香川丸龜半程馬拉松，曹純玉再次將 77 分
成績推進到 76 分。很順利地獲得資格，能以中華台
北選手的身分參加世界大學運動會。

達標世大運資格，與張芷瑄、游雅君和陳宇璿一
起挑戰世大運是很特別的經驗，她表示：「原本的目
標是香川丸龜，上尾半馬只想試試看，教練也要我穩

穩地跑就好,但沒想到就順利達標。」

　　這是她第一次參加國際型賽事,起跑線上各國好手群集帶給她非常大的震撼。在當天炎熱的氣候下,曹純玉跑出 1 小時 19 分 05 秒成績,名列第十。這讓她發現自己離國際型選手的成績是有些距離的。但這沒有擊倒她,而是讓她更積極、鼓起跨入國際選手等級的念頭。在世大運之後呢?奧運就在前方了。

● 東京馬拉松的溼寒考驗

　　2015 年曹純玉與陳囿任在廈門馬拉松跑出 3 小時 03 分的成績,到 2018 年重慶馬拉松之前,她都把重心擺在半程馬拉松競賽上頭。世大運結束後,2018 年相隔三年後,她再次挑戰重慶馬拉松跑出 2 小時 45 分的成績。陳囿任笑說:「她沒跑過兩小時五十幾的馬拉松,直接就進步十八分鐘。」

　　曹純玉回憶道,她其實很早之前就埋下想參賽奧運的心願。在重慶馬拉松跑出好成績之後,讓她更有信心挑戰奧運門檻。所以在朋友的建議下,她決定以東京馬拉松作為第一個敲門磚。

　　這次的東京馬拉松其實很辛苦,低溫又加上下

雨，曹純玉笑說：「整場比賽我都穿著雨衣。」兩人說好，前面的十公里都由陳囿任領跑，幫助曹純玉擋風。但事實上卻完全不是這麼一回事。

曹純玉在兩公里後就比肩跑在陳囿任身邊！陳囿任說：「啊不是說好前面十公里給我帶，為什麼才兩公里就跑在我旁邊？」曹純玉解釋，一直以來她很習慣跑在陳囿任身邊，加上陳囿任踩大步伐，她自己是小步伐，跑在後面會覺得不好跑，所以她跑在旁邊，只讓陳囿任幫忙配速就好。

擔任配速員的陳囿任，每到關鍵的里程數就會告知純玉預估到終點的時間，以及目前應該維持的配速。他就像精密的電腦一樣，即使到了 35 公里曹純玉開始掉速的時候，他也會大喊：「就算跑五分速回去也有 238、239。」用這種方法去鼓勵曹純玉。

原本預估可以跑 2 小時 34 分的成績，在惡劣天氣的東馬時有另一層擔憂。陳囿任說：「跑的時候，想說最差的狀況可能只是剛好破全國紀錄一點點。」沒想到當陳囿任看到終點時，上頭顯示的數字是 2 小時 35 分，當他跨過終點的後幾秒，曹純玉以 2 小時 36 分 14 秒跨過終點線。

● 東京馬拉松之後？

　　完成東馬之後，曹純玉被大會人員掛上識別證，帶往另外一處準備頒獎（半菁英組第一名），而陳囿任則是走了一個小時去拿他的物資。曹純玉笑說：「完賽後其實沒甚麼感覺，只是覺得終於跑完了，而且好冷喔。」很感謝芷瑄立刻借給她外套保暖。一直到上頒獎台，曹純玉才醒過來，知道自己打破了全國紀錄，那時才感動地流下淚來。

　　談起這一切，曹純玉感謝很多人，特別要感謝她的男友陳囿任，不只是訓練，連生活、飲食都照顧周全，甚至把他的人生重心都擺在自己身上。她能回報的，就是不抱任何懷疑地遵從陳囿任的指示，以最好的狀態一步一步走向前往奧運之路。

　　從來，個頭嬌小、個性內斂的曹純玉相較其他人一直都不是人中龍鳳，只是憑著穩定且不放棄的決心才一點一滴地奔上巔峰。她想給女性跑者建議，「不要害怕跟男生比。」她表示身為女性不應該因為自己是女生，就認為跑慢一點是應該的，相反的，要勇敢地挑戰自己。

　　人生的下一站呢？陳囿任表示：「會希望能跑進 233 內。」曹純玉笑道：「那就拜託教練了。」對於再次打破自己所創下的紀錄這件事，曹純玉信心滿滿，不曾懷疑。

周訓練課表

    把目標設定於突破自我的曹純玉，目光放遠在馬拉松項目上。她的訓練課表安排是由教練陳囿任提出並共同討論而成。

★訓練方式：

馬拉松周課表

	周一	周二	周三	周四	周五	周六	周日
早上	輕鬆跑14km、2小時重量訓練	輕鬆跑12km	道路配速跑10km~20km	輕鬆跑14km	輕鬆跑12km	輕鬆跑15km	貓空國手之道長距離訓練20km~35km
下午	輕鬆跑14km、St.[1]200m*6	輕鬆跑14km、2小時身體素質訓練	輕鬆跑10km	輕鬆跑14km、2小時身體素質訓練	間歇強度訓練（12km~20km）	輕鬆跑6km	輕鬆跑4km~10km

★跑步小秘訣：

「專注當下配速，穩定前進。」

從配速跑訓練起比賽時想要的配速，能夠讓自己在比賽時心定下來，並專注每一公里是否太快或太慢，朝著心中目標穩定前進。

---

1. 快步跑

★跑者座右銘：

「願有多大，力就有多大。」當你內心多想要達成一件事，內在的力量就會助你一臂之力，甚至度過難關。

★跑者心法：

別想著距離有多遠，每跑一步就離終點更近一步，想著：「我一定可以」，滿滿的能量就能讓你支撐下去。

後記

　　天生就喜歡聽故事、寫故事，幸運地造就了這本書。這本書是許多人分享給我的美好回憶，為此感謝所有曾經接受採訪的朋友們，也許你們不相信，但每個人的故事或多或少都引起我情緒的波動與反覆地思索，挑燈夜戰爬格子，趕緊把腦中的情感油印在電腦內。

　　進行人物採訪是一件快樂的事，偶爾也有不同的感受。有些採訪會去試探、踩踏別人的痛楚（俗稱地雷）。如果聊到這個議題會尷尬，就代表這個議題對了。會發現每個人都有自己的底線，針對某些議題不願意去談。坦白說，有些議題真的是「非常有爆點」。但身為運動媒體，若不能細心地保護運動員、幫助運動員，只為了營造收視率跟找血腥味，這不僅是違反採訪初衷，也不是運動員樂見。所以最後聊歸聊，但有些心底的痛就不能寫出來，或者是用擦邊球方式

隱晦地帶過。

　　每個人的考量與想法不同，有些受訪者則是很願意袒露自己的痛苦。那種痛苦是夾著淚水不停流洩下來的程度，你必須離座拿紙巾，好讓他能呼吸一口氣接著說下去。有些人在受訪過後反而感謝我，透過聊天把不能告訴他人的心底事分享給我。能不能寫出來是一件事，但能感受到深層的情感讓我印象甚為深刻。跑者有趣的地方，是在運動表現後的另一些面向：讓人掉下巴的職業、一些特別讓人想發笑的興趣（蒐集小物之類）。構築一個人的真實模樣是多樣化的：環境、朋友、家人，興趣、專長、個人學習、熱情之處等，於是詢問時天南地北地聊，聊生活、家人以及朋友、興趣。透過訪談，聽到的不只是一個人的故事，而是形塑一個人的環境與想法。

　　有些跑者在聯繫採訪時會先預警：「我沒有甚麼好寫的喔。」通常受訪聯繫時會有兩種狀況：第一是覺得自己沒甚麼好寫的，另一種則是盡可能避免受訪。對於後者會溝通一些想法，只是約出來吃飯或喝咖啡，但最終仍然是尊重對方的意願，沒有留下文字紀錄；自覺沒賣點的人，我會說：「這個讓我來煩惱就好。」深深相信一件事，每個人都可以是老師，

且每個人的生活都是一本書。不是沒有可以留存的紀錄，而是沒有盡力去挖掘。每個人都像化石般有著累積的歲月，沿著腳下的土地去挖，總能挖掘上百年以上的石頭或是痕跡。與人聊天，偶爾會像卡爾維諾《看不見的城市》中，馬可波羅對忽必烈說著旅途中的人物景一般，往往能收獲許多不同、想像的視野。

也許很難想像，每一次我都是充滿感謝，虛心作著訪談。有些受訪者素昧平生、首次見面，如果把「採訪時間」切開來看，後來的三分之一時間才能深入到內心世界，談回憶與往事。快樂的事情當然收入囊中，而悲傷難過的事情，隨著時間也逐漸坦然釋懷。正如馬克吐溫說的，「喜劇」等於「悲劇」加「時間」。儘管如此，淚水還是不會止息的。每次採訪總能收穫不同的感動與故事，真的感謝。再次感謝曾經受過我採訪的每一個人，書本有限不能收容每篇文章，但每個人的故事都具備著力量。

在台灣，不管是競技運動員或者是休閒運動員、市民跑者，都有其耀眼、值得被看見的一面，期盼更多人參與耐力運動，從親身參與、從中收穫並懂得珍惜所得不易的環境。愛上跑步，收穫自足。希望透過這本書，閱讀跑步這件事對人們的重要性，進而對台

灣的長跑文化有一分認同並積極幫助。我期許在台灣投入耐力運動的運動員能受到更多的歡迎與支持，擁有更高的能見度。

感謝促成這本書的時報出版文化，阿湯哥與聖惠，如史蒂芬·金說的：「編輯是神。」從這本書的構想開始，你們不停地鼓勵並分享編輯經驗，我很幸運至少能滿足你們六十分的及格分數。如此就好。雖然是疫情時代，但我願意親吻你們的手背；感謝擔綱客座主編的真男人張嘉哲，嘉哲是我這個世代最知名跨產業領域的運動員，相信將會為未來的運動員塑造榜樣、幫助運動員進行新時代的生涯規劃；再來要感謝同樣能寫也能拍的李展昇、吳誠元以及許多運動攝影師，你們的照片總能帶來力量，文字彷彿只是陪襯而已；感謝不吝惜把名字借給我，推薦這本書的朋友們。一路上給予支持的朋友，我的野男好哥兒們、土城團以及陪伴著我的家人們，感謝你們使我生活不致情感、時間匱乏，特別是母親大人、大小姐（老婆大人）及兒女，妹妹在這條路上永遠給予我最大的支持與幫助，沒有你們就沒有現在的我。最後要感謝「動一動 don1don」博威運動科技股份有限公司，與大夥們在辦公室內說笑、辯論與對談，充實我的職場

生涯。以上所有，沒有你們，就沒有這本書。

　　最後，我想分享自己的一段話「誌我們活過的年代，終究不離生命太遠。而存在的每一天，喜樂哀悲都是確實、並非無可琢磨。」每個人的生命，都會與許多人息息相關與重疊、存有交集，只要我們踏實地生活每一天、不致渾渾噩噩，那麼未來，將會是我們期許的模樣。

我跑，故我在：16位職人跑者的馬場人生／鄭匡寓著；
-- 初版 . -- 台北市：時報文化，2020.06；228 面；13×21 公分
ISBN 978-957-13-8209-8（平裝）
1. 馬拉松賽跑　2. 自我實現

528.9468

109006256

我跑，故我在：16 位職人跑者的馬場人生

作者　鄭匡寓｜客座主編　張嘉哲｜主編　湯宗勳｜編輯　王聖惠｜美術設計　張巖｜插畫　見見｜企畫　SaSa Wang｜董事長　趙政岷｜出版者　時報文化出版企業股份有限公司　108019 台北市和平西路三段 240 號 1-7 樓　發行專線—（02）2306-6842　讀者服務專線—0800-231-705・（02）2304-7103　讀者服務傳真—（02）2304-6858　郵撥—19344724 時報文化出版公司　信箱—10899 台北華江橋郵局第 99 信箱　時報悅讀網—http://www.readingtimes.com.tw｜電子郵件信箱—new@readingtimes.com.tw｜法律顧問　理律法律事務所　陳長文律師、李念祖律師｜印刷 勁達印刷有限公司｜初版一刷　2020 年 6 月 12 日｜定價新台幣 330 元｜版權所有　翻印必究（缺頁或破損的書，請寄回更換）